控股股东对上市公司股利分配类型影响的实证研究

刁伍钧 著

东北林业大学出版社
Northeast Forestry University Press
·哈尔滨·

版权专有　侵权必究
举报电话:0451-82113295

图书在版编目（CIP）数据

控股股东对上市公司股利分配类型影响的实证研究/
刁伍钧著. —哈尔滨：东北林业大学出版社，2020.8
ISBN 978-7-5674-2205-6

Ⅰ.①控… Ⅱ.①刁… Ⅲ.①上市公司—股东—影响—利润—分配（经济）—研究 Ⅳ.①F279.246

中国版本图书馆 CIP 数据核字（2020）第 161670 号

责任编辑：	刘剑秋
封面设计：	乔鑫鑫
出版发行：	东北林业大学出版社
	（哈尔滨市香坊区哈平六道街6号　邮编：150040）
印　　装：	武汉市卓源印务有限公司
规　　格：	185 mm × 260 mm　16 开
印　　张：	9.75
字　　数：	225 千字
版　　次：	2020 年 8 月第 1 版
印　　次：	2020 年 8 月第 1 次印刷
定　　价：	49.80 元

如发现印装质量问题，请与出版社联系调换。（电话：0451-82113296　82191620）

前　言

股利分配作为公司财务理论研究的一个重要领域，与投资、融资决策构成公司财务管理的三个核心内容。本书根据上市公司成长性、代理冲突与股利分配的相互关系，从控股股东角度出发，梳理了股利代理理论，在总结 1994～2010 年沪深 A 股股利分配特点的基础上，以 2003～2010 年股利分配为样本，运用 Logistic 和 OLS 回归模型，实证研究了控股股东对上市公司分配意愿、分配形式和现金股利分配比例的影响。

统计数据显示：1994～2010 年沪深 A 股不分配上市公司比例呈现阶段性下降变化；股利分配以现金股利为主，转增股逐渐增多，股票股利相对稳定；每股转增股比例最高，股票股利次之，现金股利最小，且每股（现金）股利呈现逐年下降的变化趋势。我国证券市场也存在"股利消失"的现象。本书通过现金股利影响因素的实证研究证明：相对控股公司低股利政策是导致"股利消失"的原因之一。

分配意愿的实证结果显示：国家股并不影响分配意愿。流通股只影响沪市上市公司分配意愿，深市上市公司则不受其影响。第一大股东持股比例与分配意愿之间不存在 U 形关系。盈利能力是影响公司分配意愿的关键，且盈利能力越强，公司的分配意愿越强。资产报酬率对分配意愿的影响大于每股利润对分配意愿的影响。资产规模越大、成长机会越多，分配意愿就越强。而资产负债率越大，分配意愿则越弱。因此，控股股东股权结构与分配意愿的关系不大，分配意愿主要受到上市公司经营状况的影响，且成长机会越多，分配意愿越强。

分配形式的实证结果显示：除了每股利润与三种分配形式的分配意愿之间存在正相关关系，以及流通股与三种分配形式的分配意愿无关以外，其他影响因素对于三种分配形式的分配意愿具有不同的影响。其中，资产负债率、资产增长率与现金股利呈现负相关关系；而资产负债率、资产增长率与股票股利、转增股之间存在正相关关系。资产规模与现金股利呈现正相关关系；而资产规模与股票股利、转增股之间存在负相关关系。国家股、第一大股东持股比例与现金股利之间存在正相关关系；而国家股、第一大股东持股比例与资本公积金转增股本之间存在负相关关系；国家股、第一大股东持股比例与股票股利之间无关。三种分配形式对企业发展的作用存在明显差异。

将公司成长性、代理冲突和股利分配理论相结合，从不同控制权结构出发，分别研究绝对控股、相对控股和制衡控股公司现金股利的影响因素。研究结果显示：绝对控股公司第一大股东持股比例与每股现金股利存在 U 形关系，相对控股公司第一大股东持股比例与每股现金股利存在倒 U 形关系，而制衡控股公司第一大股东持股比例与现金股利之间无明显的 U 形关系，或者倒 U 形关系。三种控制权结构公司的每股现金股利与盈利能力存在正相关关系，与资产负债率、流通股之间存在负相关关系，与国有股无关。相对控股公司的每股现金股利与企业生命周期存在负相关关系。相对控股公司的每股现金股利与生命周期呈现负相关关系，与持股比例呈现倒 U 形关系，促使相对控股股东形成利益联盟采用低股利政策侵害中小股东的利益。制衡控股公司的资产增长率、资产规模与每股现金股利之间的正相关关系表明股利的替代代理模型在我国具有一定的解释能力。绝对控股公司每股现金股利与资产增长率、生命周期无关。这意味着每股现金股利分多与分少都可能成为绝对控股股东侵害中小股东利益的方式。

半强制性分红制度无益于股利分配意愿的提高。提高分红比例的最低限制并不能提高每股股利。因此，半强制性分红制度对于股利支付水平的约束作用有限。

作者
2020 年 5 月

目 录

1 引言 ……………………………………………………………… (1)
　1.1 本书研究的背景和问题 ……………………………………… (1)
　1.2 本书研究的理论和实践意义 ………………………………… (3)
　1.3 本书研究思路与研究框架 …………………………………… (4)
2 股利理论与股利分配实证研究的文献综述 ……………………… (6)
　2.1 基本概念界定 ………………………………………………… (6)
　2.2 基于控股股东的股利分配理论评析 ………………………… (10)
　2.3 上市公司股利分配类型的实证研究 ………………………… (13)
　2.4 文献综述评析 ………………………………………………… (23)
3 上市公司股利分配的机理研究 …………………………………… (25)
　3.1 上市公司股利分配的制度规定 ……………………………… (25)
　3.2 代理冲突与公司的股利分配 ………………………………… (28)
　3.3 成长性与公司的股利分配 …………………………………… (32)
　3.4 成长性、代理冲突与公司的股利分配 ……………………… (37)
4 上市公司股利分配类型的基本特征 ……………………………… (39)
　4.1 样本说明 ……………………………………………………… (39)
　4.2 上市公司分配意愿的统计分析 ……………………………… (39)
　4.3 上市公司分配形式与支付水平的统计分析 ………………… (49)
　4.4 上市公司股利分配类型的小结 ……………………………… (60)
5 不同分配类型上市公司内部因素比较 …………………………… (61)
　5.1 不同分配类型上市公司盈利能力比较 ……………………… (61)
　5.2 不同分配类型上市公司成长性比较 ………………………… (72)
　5.3 不同分配类型上市公司规模比较 …………………………… (76)
　5.4 不同分配类型上市公司资产负债率比较 …………………… (80)
　5.5 不同分配类型上市公司控股股东股权结构分析 …………… (84)
　5.6 不同分配类型上市公司内部因素小结 ……………………… (90)
6 控股股东对上市公司股利分配意愿影响的实证分析 …………… (94)
　6.1 样本数据 ……………………………………………………… (94)
　6.2 研究变量及其说明 …………………………………………… (95)
　6.3 研究假设的提出 ……………………………………………… (96)
　6.4 研究设计 ……………………………………………………… (96)

  6.5 实证结果与分析 …………………………………………………（ 98 ）
  6.6 小结 ……………………………………………………………（107）
7 控股股东对上市公司股利分配形式影响的实证分析 ……………………（109）
  7.1 样本数据 ………………………………………………………（109）
  7.2 研究变量及其说明 ……………………………………………（110）
  7.3 研究假设的提出 ………………………………………………（111）
  7.4 研究内容设计 …………………………………………………（112）
  7.5 研究数据的描述性统计 ………………………………………（112）
  7.6 实证结果与分析 ………………………………………………（114）
  7.7 小结 ……………………………………………………………（117）
8 控股股东对上市公司现金股利支付水平影响的实证分析 ………………（118）
  8.1 样本数据 ………………………………………………………（118）
  8.2 研究变量及其说明 ……………………………………………（118）
  8.3 研究假设的提出 ………………………………………………（119）
  8.4 研究内容设计 …………………………………………………（120）
  8.5 研究数据的描述性统计 ………………………………………（121）
  8.6 实证结果与分析 ………………………………………………（123）
  8.7 小结 ……………………………………………………………（136）
9 研究结论与政策建议 ………………………………………………………（138）
  9.1 研究结论 ………………………………………………………（138）
  9.2 研究创新点 ……………………………………………………（142）
  9.3 政策建议 ………………………………………………………（143）
  9.4 本书研究的局限性 ……………………………………………（144）
参考文献 …………………………………………………………………………（145）

1 引　言

1.1　本书研究的背景和问题

股利分配与投、融资决策构成企业财务管理的三个核心内容，是财务管理的一个重要领域。自从20世纪60年代美国财务学家Miller和经济学家Modigliani提出"股利无关论"后，西方财务学界围绕股利分配与企业价值之间的关系，从不同角度对股利分配进行理论研究与实证分析，提出多种股利分配理论。但这些理论对现实股利分配的解释能力相对有限，人们仍无法对股利分配理论达成共识，以至于Black感叹："我们越是认真地研究股利分配，就越觉得它像个谜。"[1]。虽然我国证券市场起步较晚，但也同样陷入"股利之谜"的困扰。比如，为什么有些公司选择不分配股利？为什么近年来现金股利、转增股逐渐增多，股票股利却在减少？为什么很多公司股利分配政策不稳定？为什么股利分配呈现明显的阶段变化特征？而更令人困扰的是无论上市公司采用何种股利分配，"分配不公"的谴责总是伴随着我国上市公司股利分配的实践[2]。而不公平的股利分配往往又和我国"一股独大"的股权结构结合在一起。由于股权的分散与集中形成不同的控制权私人利益，因此，股利分配和股东权益保护，特别是与中小股东权益保护紧密地联系在一起。于是围绕控股股东与中小股东利益之争的中国"股利之谜"就越来越受到理论界和实务界的广泛关注。

2000年以前，我国上市公司不分配股利现象十分普遍。根据本书统计的数据显示，1999年上市公司不分配股利的比例达到56%。为了保护中小股东利益，2001年中国证监会将分配股利作为配股增发的前提条件。随着半强制性分红制度的实施，2000年上市公司不分配股利的比例下降到33%。之后，上市公司不分配股利现象又有所抬头。2003年上市公司不分配股利的比例增加到49%。2006年中国证监会明确规定累计3年现金股利达到累计3年可分配利润20%是配股的基本条件。2008年中国证监会又将20%的现金分红比例提高到30%。那么，半强制性分红制度是否增加了上市公司的分配意愿？是否影响股利分配的形式？现金股利支付水平是否随着该制度的实施得以改善？这些问题需要我们通过实证研究来进一步证明。

股利分配理论的核心是股利分配与企业价值之间的关系。从股利无关论到股利相关论，从股利是否影响价值到如何影响价值，从股利的理性学派到股利的行为学派，各种股利理论流派不断呈现，股利分配理论的发展可谓方兴未艾。但当我们运用这些理论来解释股利分配行为的时候，往往会出现一系列的悖论。比如股利代理理论认为，现金股利可以减少代理成本，所以，不分配现金股利是控股股东对中小股东利益的侵害，比如2000年五粮液的股利分配方案[3]。但是同样根据代理理论，高比例现金股利也成为社会各界攻击的热点，比如用友软件的高比例分红。理论界和实务界普遍认为用友软件高比例现金分红是控股股东"合情合理"攫取中小股东利益的手段[4]。上市公司五粮液和用友软件均受控股股东的掌控，两者分与不分的股利政策却同样引起社会公众的不满。因此，从控股股东的角度出发，全面而深入地研究控股股东对我国上市公司分配意愿、分配形式和现金股利的影响就具有非常重要的理论和现实意义。

两权分离是现代公司的基本特征。代理问题是现代公司两权分离的必然产物。对于企业财务决策而言，投资决策是企业代理问题关注的焦点，而投资不足和投资过度就成为代理问题的表现结果。由于道德风险的存在，债权人通过债务契约限制股东进行投资，从而引发投资不足，导致公司价值下降[5]。同时，基于逆向选择模型[6]，在信息不对称的情况下，潜在股东必然要求更高的投资收益以补偿投资风险，而现有股东也会比较新股东进入后的利益稀释。由于担心利益的稀释，现有股东就会放弃一些净现值为正的项目，进而也会引发投资不足[6]。在股权分散的情况下，管理者与股东之间的利益差异，会促使管理者利用企业的自由现金流量进行过度投资，从而损害股东的利益。在股权集中的情况下，基于公司主导地位的控股股东为了追求私人利益而进行资源性的投资扩张，也会形成投资过度。值得注意的是，无论是股权分散还是集中，控制权私利都是存在的，只不过得益主体有所不同。在股权分散的情况下，管理层会获得更多的控制权收益；在股权集中的情况下，大股东则会获得更多的控制权收益；并且在公司规模扩张的情况下，管理层和大股东的控制权私利很容易趋于一致，所以中小投资者就成为代理冲突的最大受害者。从理论上讲，投资不足与投资过度存在于一个统一的系统之中。公司根据投资时机、行业特点和公司资本结构决定投资水平，从而形成一个更有利于公司的投资决策。而事实上，现代投资决策并没有将投资不足与投资过度置于一个统一的系统中进行研究。成长性是影响企业投资决策的关键因素。成长机会的质量和公司自有现金流量决定了投资的效率，从而影响企业的价值。成长机会越好，自有现金流量越充足，则公司的投资决策越有价值；拥有大量自有现金流量但成长性不高的公司则更容易产生过度投资[7]。因此，将成长性与代理问题相结合有利于提高公司投资决策的效率。

由于股东与债权人之间、现有股东与潜在股东之间存在代理冲突以及资本市场的信息不对称，公司股利分配的分配意愿、分配形式和现金股利的分配比例将直接影响公司的价值。随着公司的发展，有价值的投资机会就会增多。为了满足这些投资机会，公司就会减少自由现金流，管理者或者控股股东滥用自由现金流进行盲目、无效扩张的概率就会降低，公司的代理问题将得到缓解；与此同时，随着公司的发展，公司的成长性提高了，而信息不对称问题也会越来越严重，因此，公司面临的外部融资约束条件也会变得越来越严格。所以，成长性较高、治理机制相对完善的公司会选择低股利政策，以满足公司成长性投资机会的资金需求。显然，在进行股利分配时，虽然公司是在权衡代理冲突与外部融资约束，但是事实上是对公司的成长性进行判断[7]。因此，公司的成长性与公司的股利分配也是密切相关的。

从 Jensen 和 Meckling 提出代理理论到 Rozeff 首次将其引入股利分配，从股利的结果代理模型到股利的替代模型，从早期的股利代理理论到股权结构理论，股利分配的代理理论得到长足的发展。尽管如此，仍然缺乏一个核心要素将这些股利代理理论流派组织到一个系统之中。于是，当我们运用这些理论流派来解释股利分配实践的时候，就会形成一种盲人摸象的结果，即只是根据自己的研究数据进行总结归纳股利分配的影响因素，从而形成不同的观点和理论解释。公司的成长性是将各种股利代理理论流派进行系统化组织的核心要素。公司的成长性与代理理论相结合可以提高投资决策的效率。公司的成长性、代理理论和股利分配相结合，在提高公司投资决策效率的同时，通过投资决策将股利分配与公司价值紧密地联系在一起。因此，将公司成长性、代理理论和股利分配相结合，深入而全面地研究控股股东对上市公司股利分配类型影响的研究就具有重要的理论意义。

因此，本书运用 2003~2010 年样本数据，实证研究控股股东对上市公司分配意愿、分配形式和现金股利分配比例的影响，以期揭示成长性、股利代理理论和股利分配之间的关系，从而进一步探析我国的"股利之谜"。

1.2 本书研究的理论和实践意义

本书通过控股股东对上市公司股利分配类型影响的实证研究来探析公司的成长性、代理冲突与股利分配之间的相互关系，以期揭示我国上市公司的股利分配决策，为进一步深化股利分配理论提供数据支持。具体而言，本书的研究意义主要体现在如下方面：

第一，客观反映我国上市公司股利分配的情况，为政府科学决策提供对策和建议。

尽管现有股利分配的研究浩如烟海，但是细细读来，这些研究具有一个共同的特点，就是样本分析中只是以 1~2 年的样本数据进行实证检验。已有研究结论缺乏长时间、大样本数据的支持。本书将从 1994~2010 年股利分配的描述性统计分析中，总结归纳我国上市公司股利分配的变化趋势和特点，并通过 2003~2010 年样本数据进行实证检验。这有利于我们评价半强制性分红政策的实施效果，有利于我们正确认识股利分配的实际情况，为政府科学决策提供对策和建议。

第二，完善股利分配理论，为股利分配的理论研究提供基础。

本书在已有股利分配理论的基础上，通过实证研究的方法，研究公司成长性、代理冲突与股利分配的相互关系，有利于现有股利分配理论流派关系的梳理，有利于股利分配理论系统的完善，也为深入研究股利分配的理论模型奠定基础。

第三，为公司股利决策、股东投资决策提供对策和建议。

本书通过解析控股股东对上市公司股利分配类型影响的实证研究，有利于投资者利用已有信息分析上市公司的分配意图，从而进行合理的投资决策，也为上市公司进行股利决策提供对策和建议，有利于上市公司协调控股股东与中小股利的利益冲突，促使上市公司通过股利分配提升公司价值。

1.3 本书研究思路与研究框架

本书研究的技术路线见图 1-1。

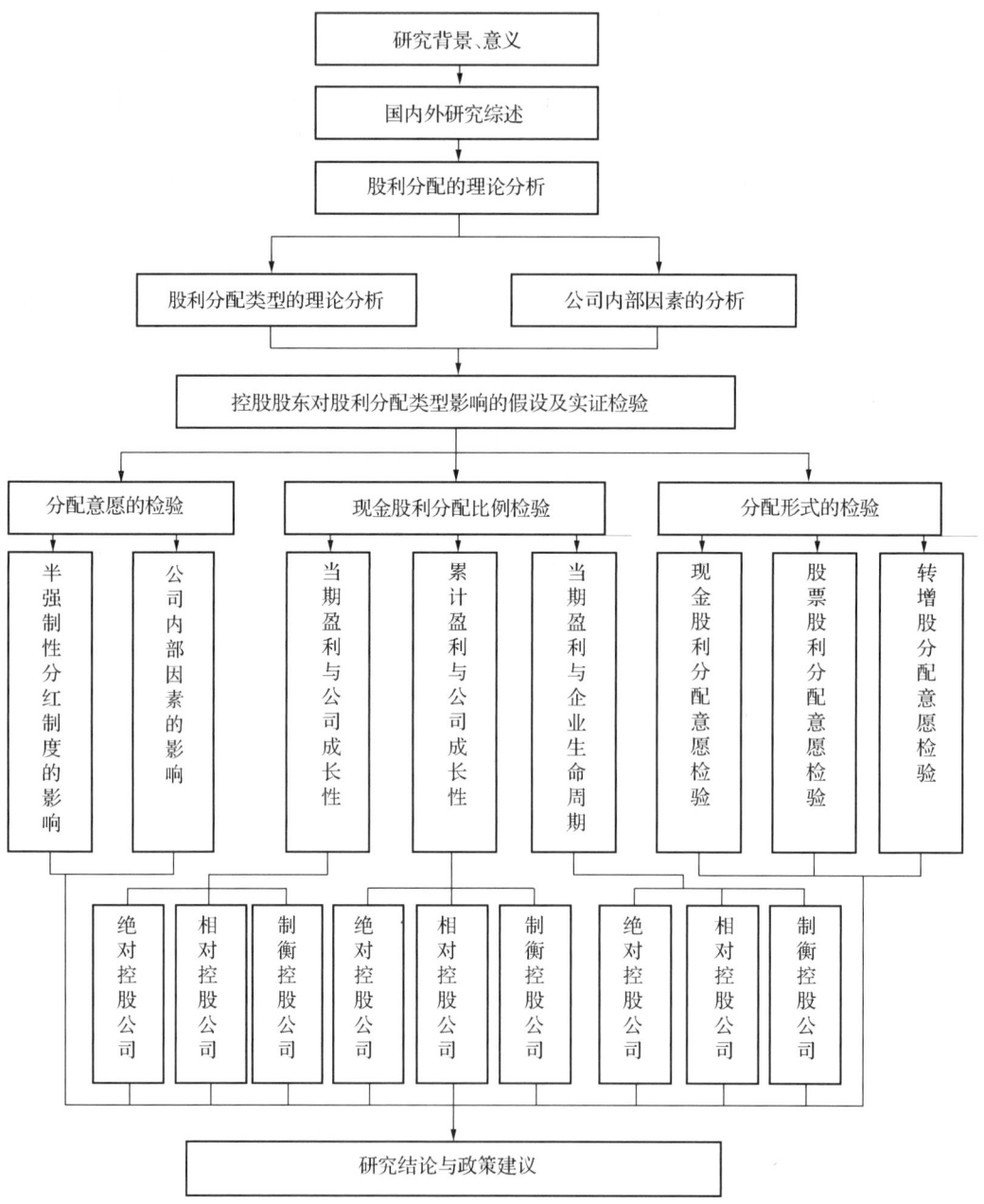

图 1-1 技术路线图

根据国内外股利分配的研究现状，结合我国上市公司的发展特点，本书将公司成长性、代理冲突与股利分配问题相结合，运用实证分析方法，研究我国上市公司股利分配类型影响因素的特点与变化规律。具体内容包括以下几部分。

第一部分包括第1章和第2章，主要介绍研究背景及选题意义，并在国内外研究成果的基础上，从股利理论和实证研究两个角度撰写研究综述。

第二部分是第3章，是股利分配理论的机理分析，主要从股利分配制度、公司成长性、代理理论分析上市公司的股利决策动因。

第三部分包括第4章和第5章，归纳股利分配类型的特征并从理论上初步解释股利分配类型的特征；并从控股股东及公司经营特点出发分析影响股利分配类型的相关因素。

第四部分包括第6章、第7章和第8章，通过实证研究方法，研究控股股东对上市公司分配意愿、分配形式和现金股利支付水平的影响因素。

第五部分是第9章，对研究结论进行归纳，并提出相应的政策建议。

2 股利理论与股利分配实证研究的文献综述

2.1 基本概念界定

2.1.1 控股股东

控股股东指的是拥有公司控制权达到一定比例,且能够左右股东大会和董事会决议,进而控制公司的股东。控股股东有广义和狭义概念的区别。广义控股股东指的是通过多层持股、交叉持股、金字塔持股结构等形式间接控制上市公司的终极控制人。狭义控股股东指的是直接控制公司的股东,通常为公司的第一大股东[8]。本书采用的是狭义控股股东的概念。故本书将第一大股东视同为控股股东。

根据持股比例的不同,控股股东可以进一步分为绝对控股、相对控股和制衡控股三种类型。La Porta 等认为当股东拥有 20% 的股权就能够对公司实施有效的控制[9]。邓建平、曾勇[10]结合 La Porta[9]对有效控制的定义,进一步明确了绝对控股、相对控股和制衡控股的划分方法:即当第一大股东持股比例超过 50%,则属于绝对控股公司;当第一大股东持股比例小于 50%,但大于 20%,且第一大股东持股比例大于第二大股东至第五大股东持股比例之和,则属于相对控股公司;其余公司为制衡控股公司。

2.1.2 股利与股利支付水平

2.1.2.1 股利

股利是股东从上市公司获得的投资回报,是上市公司利润分配的重要内容。根据不同的投资人,股利有股息和红利两种分类。股息指的是优先股股东获得的投资收益;红利指的是普通股股东获得的不定期投资收益。在我国,由于优先股发行得极少,所以,股利通常指的就是红利。

西方财务理论认为,股利有收益式股利、股权式股利、负债式股利、股票回购和股票拆细之分[11]。

收益式股利指的是将企业的资产作为股东的投资报酬分配给股东。具体而言,收益式股利又可分为:①现金股利,即以现金形式发放的股利,就是上文所说的红利。人们又习惯性地称之为分红或派现；②财产股利，即以现金以外的企业其他资产，例如企业的产品、有价证券等作为股利收益发放给股东。

股权式股利指的是以企业的股权份额作为股东的投资报酬分配给股东。在我国通常将股票股利称为红股，将发放股票股利称为送股或送红股。发放股票股利虽然增加了股东持有的股票数量，但是送股后公司的每股收益也相应降低，因而股票股利并不影响公司的股东权益，只是改变了股东权益的结构。

负债式股利指的是以企业负债形式发放给股东的股利。例如以公司的应付票据、公司债充当股利。

股票回购是指公司直接从股东手中赎回自己已经发行的股票。在西方股票回购是一种合法性的行为。股票回购不但成为反收购措施，而且有利于降低公司的融资成本，提高公司的资金利用效率。但股票回购极易引起股票市价的波动，因此，世界各国对股票回购都规定了十分严格的条件。在《中华人民共和国公司法》（以下简称《公司法》）（2006年）第一百四十三条禁止上市公司除因公司资本结构调整以外的股票回购。

股票拆细指的是将一张面值较大的股票换成几张面值较小的股票。股票拆细与股票股利极为相似。在西方，通常将10送5股以上的股票股利统称为股票拆细。在我国并未严格区分股票拆细和股票股利。

虽然西方财务理论提出了五种股利分配形式，但是就具体形式来看，股利主要表现为现金股利、股票股利和负债股利。在我国除了明确限定股票回购行为以外，《公司法》（2006年）并没有限定负债股利。但是，从上市公司股利分配的具体形式来看，也没有公司采用负债股利。因此，在我国现金股利和股票股利就成为股利的主要形式。

根据《公司法》（2006）第一百六十七条、第一百六十八条和第一百六十九条规定，公司股利的资金主要来自两个部分：①利润；②公积金，包括资本公积金和盈余公积金。其中资本公积金转资本和盈余公积金转资本都不会增加股东权益，只是改变股东权益结构，但是两者具有本质的区别。盈余公积金转资本，也就是送红股的资金来源是企业的留存收益，是企业利润的再分配；而资本公积金转资本，也就是转增股的资金来源是企业的准资本，并不是企业的利润分配。显然，资本公积金转资本并不是严格意义上的利润分配。为了进一步区别资本公积金转资本与盈余公积金转资本，中国证监会在1996年7号文件（即《关于规范上市公司行为若干问题的通知》）中明确界定了两者的区别：上市公司送股方案必须明确区分以利润派送红股和以资本公积金转为股本，在股东大会上要分别进行表决，并分项进行披露，不得将两者均表示为送红股。

综上所述，我国上市公司股利分配的基本形式有现金股利（派现或红利）、股票股利（送股或送红股）和资本公积金转资本（转增股）。

2.1.2.2 股利支付水平

股利支付水平主要反映股东获得股利的多少，或者股东获得的股利占企业盈余的比例。从现有文献来看，股利支付率中的股利均指现金股利，而现金股利支付水平通常可以表述为以下两方面。

（1）每股股利

每股股利等于普通股获得的现金股利与流通在外的普通股股份总数之比[12]。每股股利反映了每一普通股获得现金股利的水平，是股东投资股票的直接收益。其计算公式如下：

$$每股股利 = \frac{支付给普通股的现金股利}{发行在外的普通股股数}$$

（2）股利支付率

股利支付率，又称股利发放率，是普通股每股股利与每股利润之比。大多数情况下，股利支付水平指的是当年发放的现金股利与当年利润之比[12]。股利支付率反映了公司将其税后利润中的多少用来给股东支付股利，将多少利润留存于公司进行再投资。其计算公式为

$$股利支付率 = \frac{当年发放的股利}{当年净利润} \times 100\% = \frac{每股股利}{每股利润} \times 100\%$$

与股利支付率密切相关的另一个指标是收益留存率，或者称留存比率。其计算公式如下：

$$收益留存率 = \frac{净利润 - 现金股利总额}{净利润} \times 100\%$$

或者

$$收益留存率 = \frac{每股利润 - 每股股利}{每股利润} \times 100\%$$

收益留存率反映了公司净利润留存的百分比。它与股利支付率之和等于1，即

$$股利支付率 + 收益留存率 = 1$$

2.1.3 股利分配类型

2.1.3.1 股利分配类型的概念

所谓股利分配类型指的是上市公司股利分配的意愿、股利分配的形式以及股利支付水平。股利分配意愿指的是上市公司是否发放股利，通俗地讲就是上市公司分与不分股利的问题。股利分配形式指的是发放股利采用的具体形式，即现金股利、股票股利、资本公积金转增资本（转增股）。股利支付水平指的是每一个股份获得现金股利、股票股利、转增股的比例大小。本书的股利支付水平主要研究现金股利的支付水平。

与传统的股利政策不同，本书研究的股利分配类型不仅包括了上市公司是否发放股利以及发放多少的问题，还强调了上市公司对股利分配形式的选择，即现金股利、股票股利和转增股的选择。尽管股利分配类型与传统股利政策有所差异，但是两者并无根本性的差异和矛盾。所以，诸如股利政策的分类对于股利分配类型的划分仍然具有借鉴的意义。

2.1.3.2 股利分配类型的分类

根据股利支付水平不同，股利分配类型可以分为四种：①全部发放股利类型，即把公司盈余全部用于股利分配。在理论研究中，很多模型建立的前提，就是假设将全部盈余用于股利分配。现实中，尽管采用这一政策的公司并不多，但2003年以来，沪深两市股利支付率超过100%的上市公司也从未间断。②高股利类型，即把较多的盈余以现

金股利形式分配给股东。西方财务理论认为股利支付率超过60%的股利政策是高股利类型[13]。在我国，佛山照明、用友软件的股利支付率均超过了60%，呈现出高股利类型。③低股利类型，即把较少的盈余以现金股利形式分配给股东。西方财务理论认为股利支付率低于30%的股利政策是低股利类型[13]。2008年证监会修订《上市公司证券发行管理办法》第八条第（五）项，将最近三年以现金方式累计分配的利润不少于最近三年实现的年均可分配利润的30%作为上市公司证券发行的一般条件之一。显然，就股利支付水平而言，证监会半强制性分红比例对于企业而言，只不过是一个低股利类型而已。④中股利类型，即股利支付水平介于高、低股利类型之间的股利分配。⑤不支付股利类型，即把公司的全部盈余用于内部积累，而不向股东支付任何股利，也就是通常所说的不分配。

根据每股股利稳定与否，股利分配类型也可分为四种：剩余股利分配类型、固定或持续增长股利分配类型、固定股利支付率分配类型以及低正常股利加额外股利分配类型。根据股利分配的不同形式，股利分配类型可以分为七种：纯现金股利分配类型，纯股票股利分配类型，纯资本公积金转增资本分配类型，现金股利与股票股利的组合分配类型，现金股利与转增股的组合分配类型，股票股利与转增股的组合分配类型，现金股利、股票股利和转增股的组合分配类型。

2.1.3.3 股利分配类型与公司发展的关系

人们通常认为采用股票股利和转增股股利分配形式的公司具有较大的成长机会，而采用现金股利分配形式的公司盈利能力较好。采用高股利分配类型的公司盈利状况良好，现金充裕，但是可用于有效投资的项目比较少。采用低股利分配类型的公司，由于其处于成长期，企业扩张需要较多的资金，现金不能满足所有可行项目，因而保留较多的盈余以利于公司的成长。从股利稳定性而言，采用固定或持续增长股利分配类型虽然有利于对外传递公司稳定发展的信息，但是由于股利支付不能和公司盈余情况相结合，当公司盈余出现波动的时候，稳定股利政策就会导致公司现金的短缺，财务状况恶化，从而影响公司的未来发展。剩余股利分配类型则完全避免了固定或持续增长股利分配类型的不足，非常有利于公司的经营决策，但是由于股利分配缺乏一定的连续性和稳定性，所以不利于上市公司股票价格的稳定。因此，只有很少公司采用这一股利分配类型。固定股利支付率分配类型在一定程度上兼顾了剩余股利分配类型与固定股利分配类型的特点，试图协调股利与公司发展之间的关系。但是，由于受到公司盈利波动的影响，固定股利支付率也不能对外传递企业稳定发展的信息。因而，采用这一股利分配类型的公司也不多。显然，对于公司不利影响最小的就只有低股利分配类型或者低正常股利加额外股利分配类型。这种政策兼顾了公司的发展和股东的利益。

股利分配类型反映了公司股利支付水平与利润留存之间的关系，同时也揭示了公司盈利能力和公司发展趋势之间的辩证关系。如果公司的大股东或者管理者利用股利分配谋取私人利益，那么，公司盈利和发展之间的关系就会偏离公司可持续增长情况下股利分配与公司盈利、成长和负债的协调关系。尽管我们无法完全掌握公司大股东和管理者的私利和目的，但是我们可以通过研究股利分配是否符合公司盈利和发展的可持续关系，从而揭示影响我国上市公司股利决策的关键因素。如果股利分配符合公司盈利和发展的辩证关系，我们就应该相信公司的股利分配是合理的；反之，则表明公司采用了不适当的股利分配。

2.2 基于控股股东的股利分配理论评析

2.2.1 控股股东与股利分配理论

西方股利理论的发展主要沿着以下思路展开：股利政策会不会影响上市公司的股票价格，以及探索引起股价变动的原因；并分别形成了传统股利理论和现代股利理论。1961年Miller和Modigliani在《股利政策、增长和股票估价》一文中提出著名的股利无关理论（MM理论）[14]，奠定了股利政策的理论基础。根据三个前提假设，即完全资本市场假设、投资者理性行为假设、完全肯定假设，股利无关理论认为通过套利可以达到"任何一种股票的投资报酬率在资本市场的任何时段都是相同的"[14]。故股利分配与股票价格无关。事实上，MM理论前提条件与现实存在多项不符。管理者与投资者的信息不对称就是一项重要影响因素。

信号理论修正了MM理论中完全确定假设，认为投资者和管理当局之间存在信息不对称。股利分配对外传递了公司经营的信息状况，投资者通过这些信息决定是否购买公司的股票，从而引起公司股票价格的变化。股利信号理论包括两个方面：一是股利信息含量假设，二是股利信号模型的构建。所谓股利信息含量是指股利水平的变动向市场参与者传递重要信息的假设[15]。支持信息含量假设的学者通过部分调整模型、股利增加和减少的分组独立样本检验、首次支付股利的市场超常收益率检验证明股利公告传递了公司盈利信息。其中，Lintner以及Fama等的两篇基础性文章是最早有关股利信息含量的学术研究[16]。两者都是通过部分调整模型来解释股利决策行为，Lintner的模型是一个带有常数项的线性方程，而Fama等的模型没有常数项，但加入了一个盈利滞后项。虽然两者的模型有所差异，但是两者的研究都认为净利润指标比现金流量指标能更好地反映一个公司的盈利[16]。反对信息含量假设的学者运用未曾预计股利变动符号与股票收益率残差符号之间的卡方统计证明股利中的信息可能是微不足道的[16]。尽管股利信息含量假说的反对者不赞成信息含量假说，但是他们也承认股利信息含量的确存在，只不过这个信息含量同证券市场的交易成本而言，显得微不足道。尽管两派的意见不同，但是十分有趣的是股利信息含量的支持者和反对者都认同管理者在股利决定中具有一定的作用。

根据信息含量的不同内容，涉及盈利、投资机会和管理者行为的股利信号模型相继出现，并且这些模型均假设管理者掌握了外界投资者所不能得到的信息。显然，信息的不对称是股利信号理论所传达的主要观点。而信息的不对称会衍生出代理人的逆向选择和道德风险。这为股利的代理理论奠定了基础。从股利无关论、股利信号理论到股利分配的代理理论，投资者（股东）与管理人之间的矛盾冲突是不容回避的问题。

2 股利理论与股利分配实证研究的文献综述

有些学者根据英美两国上市公司的股权特征提出：在股权分散和两权高度分离的情况下，全体股东与管理层之间、股东与债权人之间存在代理问题。Easterbrook 认为股利可以减少管理者的代理成本，并且可以防止股东、债权人将公司财富向有利于自身方向转移[17]。Jensen 自由现金流量假说认为股东与管理者在自由现金流量的使用上是有利益冲突的。股东在对管理者自由现金流量使用上的监督和约束就是自由现金流量的代理成本[18]。Jensen 认为负债可以作为股利有效的替代品。因为股利对于管理者的约束是"软的"，而负债对于管理者的约束是"硬的"。Easterbrook 的代理成本和 Jensen 自由现金流量假说均认为对管理者的监督必然付出代理成本，并且从股东、债权人和管理者角度出发，充分认识到股利作为监督、控制和调节机制中所起的作用。沈艺峰认为：自由现金流量假说是 Jensen 和 Mecking 代理成本的基础和框架[19]。之后，代理理论形成了契约论和公司治理结构理论两大分支。股利的代理理论研究也秉承了同样的发展思路。建立在自由现金流量基础上的股利代理理论也被人们习惯性称为自由现金流量假说。

自由现金流量假说最初源于 Berle 和 Means 公司股权高度分散的假设。而股权分散只是英美两国上市公司股权结构的特点，在欧洲、日本和中国，股权呈现相对集中或者高度集中。在股权相对集中或者高度集中的国家，大股东与中小股东之间的代理关系更为普遍[20-21]。于是，股利分配的代理理论开始关注现金股利如何协调大股东与小股东之间的利益冲突，进而形成利益侵占假说。

Shleifer 和 Vishny 最早研究了现金股利在缓解大股东和小股东之间代理问题中的作用[22]。Shleifer 和 Vishny 认为在上市公司中，大股东对上市公司资源的侵害度和侵害方式会因其他小股东的现金流索取权的差异而有所不同[23]。股东拥有越大的上市公司控制权，并且控制权与现金流量掌控权越趋于一致，控股股东实现自己利益的成本就越小，控股股东越会选择成本最低且受法律保护的形式来实现自己的利益。所以，高额派现就成为上市公司的首选策略。Shleifer 和 Vishny 的这一结论成为研究控股股东与小股东利益冲突的经典之作。之后的研究基本上是从控股股东持股比例和股东类型两个方面来研究现金股利分配的。

从股利的自由现金流量假说到股利的利益侵占假说，控股股东对于公司股利分配的影响越来越受到理论界和实务界的关注。控股股东的私利决定了公司股利分配理论的走向和变化，是股利分配理论的基础。

2.2.2 中小股东与股利分配理论

股利结果模型和股利替代模型是 La Porta 等将股利分配的代理理论与中小股东权益保护相结合提出的股利分配理论[24]。La Porta 等认为小股东可以利用法律权利迫使公司支付现金股利，从而避免内部管理者挥霍公司的利润谋取私利。在其他条件相同的情况下，小股东权益保护越好，上市公司股利支付率越高。当公司有好的投资机会的时候，上市公司可以采取低股利支付率、高再投资比率的政策，因为股东相信他们以后可以获得更高的股利。也就是说，在小股东权益保护比较好的情况下，高成长性公司的股利支付率比低成长性公司的低，因此，股利结果模型认为股利是中小股东权益有效保护的结果。替代模型认为股利是股东权益保护的一种替代。在小股东权益保护不好的情况下，上市公司想要在资本市场上筹集资金，就必须树立良好的声誉。发放股利就成为建立良好声誉的一种方法。而小股东保护较好的时候，就不需要通过发放股利建立声誉。也就是说，在其他条件相同的情况下，中小股东权益的法律保护越差，上市公司的股利支付率也就越高。在公司有投资机会的时候，为了维持良好的声誉，高成长性公司的股利支付率要比低成长性公司的高。La Porta 等通过对比 1996 年 33 个国家和地区的 4 000 家大型上市公司的股利分配，发现股东权益保护较差的国家和地区股利支付率一般较低[24]。这也从一个侧面佐证了控股股东通过股利政策侵占了小股东利益的存在。

冯根福将股权集中的代理问题定义为双重代理关系，即控股股东或大股东与经营者之间的委托代理关系，以及中小股东与委托人（控股股东或大股东）之间的委托代理关系[25]。尽管在股权相对集中或高度集中的情况下，控股股东可以有效地监督管理者，降低管理者的代理成本，但是由于控股股东的私利性，又会寻机掠夺租金，从而损害中小股东的利益，于是中小股东代理人的代理成本上升。在双重代理关系下，股利分配也就更为复杂了。控股股东对现金股利的偏好有两种观点：一是不愿发放现金股利，二是倾向发放现金股利。不愿发放现金股利的观点认为发放现金股利有利于公司财富在股东之间按比例分配，并且限制了控股股东使用过多的自由现金流量，侵占了中小股东的利益[24]。从这种观点来看，控股股东是不愿意支付现金股利的。倾向发放现金股利的观点认为现金股利可以有效地降低管理者的代理成本，并向市场传递公司未来盈利的信息，现金股利也是投资人回收投资和套取现金的途径。特别是在中国，控股股东大多数为国有股、法人股等非流通股，他们更希望从现金股利收回投资收益。于是，高比例现金红利就成为控股股东掏空上市公司、掠夺中小股东利益的合法手段[26]。显然，在双重代理关系下，分与不分现金股利在中国都有可能成为控股股东侵害小股东的手段。中国上市公司面临一个迥然有异于其他国家的两难困境：不管上市公司采取何种股利政策，"不公平"总是围绕着股利分配[2]。中国股利之谜由此产生。

根据股利代理理论，以信息经济学为基础，通过同盟型联合控制，或者管理者与股东合谋来影响公司的股利分配[27]，就形成了股利的股权结构理论。同盟型联合控制和股利政策的捆绑机制是股权结构达到操控公司股利分配的两种方式。前者主要出现在以家族企业，或者由银行和行业集团控制的大型国有企业为代表的股权结构集中的公司；后者以股票投资机构为主要代表。实际上，美国支付现金股利公司的比例从 1978 年的 66.5% 下降到了 1999 年的 20.8%，就与股利政策的捆绑机制有一定的关系[28]。

对于大股东是否掠夺中小股东、支持利益侵占假说还是自由现金流理论，不同的学者有不同的看法。这无疑更加说明从代理理论出发解析上市公司股利分配无疑是具有强大生命力的。这也是多年来理论界和实务界普遍认同的观点和看法。而控股股东与中小股东的利益冲突是股利分配理论关注的焦点。

2.2.3 公司成长性与股利分配理论

20 世纪 80 年代后，虽然信号传递理论和代理成本理论从不同角度分析了股利分配引起股票价格变化的原因，但这些理论的解释能力又都有一定的局限性。于是，西方学者开始关注公司成长性对股利分配理论的影响。Fama，French，Harry DeAngelo，Linda

DeAngelo，René M. Stulz，Denis 和 Osobov 等学者通过研究企业自身特征、外部经营环境和股东预期引入公司的股利分配，形成了股利生命周期理论[29]。

股利生命周期理论认为：初创期的公司投资机会多而自身资源少，因此，倾向于将留存收益用于投资，不支付现金股利；成熟期的公司盈利能力更高、投资机会更少，因此，倾向支付现金股利。并且，规模越大、盈利能力越强、留存收益占所有者权益的比重越高的公司，支付现金股利的可能性就越高。Denis 和 Osobov 认为"正在消失的股利"现象的产生是由新上市公司数量增加而其股利支付减少造成的[30]。

股利生命周期理论从公司成长性出发，说明股利分配理论的原因。这也为进一步探析在公司不同发展阶段控股股东选择股利分配类型提供了一个崭新的思路。因此，公司成长性是股利分配理论的关键。

2.2.4 股利分配理论评析

从 20 世纪六七十年代以来，股利分配理论一直在探寻股利分配会不会影响股价以及为什么会影响股价。MM 股利无关理论的完全市场假设在现实生活中难以令人信服。信号传递理论和代理成本理论放松了信息对称假设，极大地丰富了股利分配理论，但也无法解释英美等国家"正在消失的股利"[28]。信号理论和代理理论也不能完全解释中国的"现金股利悖论"[31]。近年来，虽然股权结构理论、非理性股利政策理论和股利生命周期理论相继被引入股利分配理论，但其对于现实股利问题的解释能力仍然相对有限。这不禁让我们思考，是否存在能解释一切股利问题的股利分配理论呢？这有待进一步的探索、研究。而深入研究的关键是寻找影响股利分配的因素。从股利分配理论的分析来看，信号理论、代理理论和生命周期理论的综合作用更有利于研究上市公司的股利分配。而这些理论关注的焦点是控股股东、公司的成长性与股利分配之间的辩证关系。因此，从控股股东角度出发，根据公司的成长性，研究上市公司股利分配类型的影响因素是合理的。为此，本书下面的实证研究文献分析主要研究公司投利分配意愿、分配形式、股利支付水平以及股利分配稳定性。

2.3 上市公司股利分配类型的实证研究

上市公司股利分配类型的实证研究主要包括四部分内容：①上市公司股利分配意愿的实证研究；②上市公司股利分配形式的实证研究；③上市公司股利支付水平的实证研究；④上市公司股利分配稳定性的实证研究。

2.3.1 上市公司股利分配意愿的实证研究

西方最早的实证研究是 Lintner 对股利平稳性的实证研究。该研究关注的焦点是公司是否调整现金股利的支付比例[32]。显然，国外有关股利分配的实证研究主要围绕现金股利支付多少进行研究。这可能是与股利无关论有关。由于股利分配会影响公司的股价,因此,西方公司在进行股利分配时,并不主要考虑分与不分的问题,而是考虑分配多少的问题。20世纪80年代以来,"股利消失现象"在美国资本市场开始出现。与此同时,加拿大、英国、德国、法国和日本也先后出现"股利消失现象"。于是,西方学者开始关注公司的分配意愿。其中,Fama和French的研究最为经典。两位学者根据股利分配情况将公司分为三种,即分配股利公司、以前分配股利公司和从不分配股利公司,然后以1978~1999年美国证券市场上市公司为样本,通过公司盈利能力、成长性、规模和负债的比较,得出"盈利能力较强、规模较大的公司更愿意分配现金股利,而拥有较多投资机会和规模较小的公司则不愿意分配现金股利"的结论[28]。但是Fama和French并未将控股股东的股权结构纳入研究之中。随着控股股东对于股利分配的影响为西方学者所普遍接受,围绕控股股东进行的公司分配意愿研究在西方逐渐流行开来。Thomsen通过对美国、英国及欧洲其他国家1998年的数据进行研究,发现在欧洲大陆,股权集中对股利支付率有一种消极的影响,股权集中导致了对保留盈余的偏好[33]。Thanh Truong和Richard Heaney将控股股东的持股比例和股权性质纳入公司分配意愿的研究之中,以37个国家8 279家上市公司2003~2004年数据为样本,通过Logistic回归研究显示:第一大股东持股比例与公司分配意愿呈现U形关系;并且公司的盈利能力越高、负债越低、投资机会有限、大股东并非内部人员则公司分配意愿越强[34]。

国内分配意愿的实证研究并不多。这可能与2001年开始出台半强制性分红制度有一定关系。吕长江和韩慧博以1997~1999年504家上市公司为例,采用Logistic回归,研究得到:公司的分配意愿主要受到盈利能力和经营风险的影响[35]。原红旗以1993~2001年的沪深A股为例的实证研究结论与吕长江和韩慧博的结论相似[35]。刘孟晖等以1999~2005年截面数据进行回归分析得到:盈利能力越强的公司,股利分配意愿越强[36]。

国内现有分配意愿的影响并没有更深入地考虑控股股东的股权结构,而是停留在公司盈利能力和经营状况的分析上。特别是半强制性分红制度的出台,似乎分配意愿并不成为一个关注的焦点。而半强制分红制度是否提高公司的分配意愿,控股股东是否影响公司的分配意愿是我们深入理解上市公司股利分配决策所不能忽视的问题。

2.3.2 上市公司股利分配形式的实证研究

西方最早关注股利分配形式的研究成果应属税差理论。Farrar和Selwyn通过比较不同股东税后现金股利所得和税后资本利得,得出税后资本利得必然大于税后股利所得[37]。Brennan通过创建一个股票评估模型,将Farrar和Selwyn的研究扩展到一般均衡情况,他认为:股利额较高的股票比股利额较低的股票需要更高的税前收益,公司最好的股利政策就是根本不发放股利[38]。Lizenberger and Ramaswamy实证结果显示1美元的股利只相当于0.77美元的资本利得[39]。西方学者对于股票股利(包括转增股)的分配动因提出信号传递假说、最优交易区间假说和投资幻觉假说。这三个假说的核心就是研究股票股利的市场反应。

国内关于股票股利(包括转增股)的研究主要包括两个方面:①股票股利的市场

行为；②股票股利的影响因素分析。其中，多元回归分析是分析股票股利影响因素的主要方法。原红旗以 1994~1999 年股票股利为样本，研究得到：股票股利与股本规模负相关[40]。赵春光等以 1999 年股利分配为样本，发现：股票股利与现金股利之间具有替代效应[41]。何涛和陈小悦以 1995~2001 年 1 126 个股票股利样本，通过 Logistic 回归研究得到：流通股比例越高，股票股利分配意愿越强；流通股股本规模越小，股票股利的分配意愿越强[42]。魏刚从股权结构的角度出发，研究得到：股票股利的分配意愿与流通股比例之间存在正相关关系，现金股利分配意愿与国有股比例之间存在正相关关系[43]。马曙光等研究认为股权分置导致非流通的国家股东、法人股东偏好现金股利，而流通股股东偏好股票股利[44]。黄娟娟和沈艺峰通过对 1994~2005 年我国上市公司的数据进行实证研究，得出我国上市公司的股权越集中，支付现金股利的意愿越明显[45]。王化成等研究发现如果上市公司控股股东是集团控制，则现金股利分配倾向显著低于无集团控制的上市公司；所有权和控制权的分离程度越高，股利分配意愿越低；国家控股上市公司的现金股利分配意愿明显低于民营控股上市公司[26]。

从国内现有研究来看，所有的研究均将转增股纳入股票股利进行研究。而事实上，股票股利是利润的分配，转增股是资本公积金的使用，二者的性质完全不同。控股股东对于分配形式的影响主要考虑股权的性质，并未深入分析持股比例对于分配形式的影响。因此，从控股股东持股比例和股权性质出发，分别研究股票股利、转增股和现金股利分配形式是十分必要的。

2.3.3 上市公司股利分配支付水平的实证研究

虽然股利分为现金股利、股票股利和转增股，但是在研究股利支付水平的时候，大多数文献还是主要研究现金股利的支付水平。这主要是由于转增股和股票股利并未涉及现金的支付，会计账面的转账处理也就弱化了人们对于支付水平的研究。为此，以下的文献主要围绕现金股利的支付水平进行分析。

2.3.3.1 控股股东股权结构

国内外关于控股股东股权结构对现金股利的影响研究基本上是按照 Shleifer 和 Vishny[46]简单跨期模型，从股权集中度与股权性质两方面分别进行：一是大股东持股比例对现金股利政策的影响；二是股东性质（类型）对现金股利政策的影响。

（1）股权集中度

国外关于股权集中度与现金股利支付水平的关系主要有两种观点：一种观点认为现金股利支付水平与股权集中度之间存在负相关，即股权结构越集中，现金股利支付率就越低；另一种观点认为现金股利支付水平与股权集中度呈现 U 形关系，即股利随着第一大股东持股比例先下降后增加。Rozeff（1982）认为股权结构越分散的公司，其股利支付的比例就越高。Moh'd 等以美国公司为样本，用股东数目表示股权的集中度，研究发现：股权结构越分散，股利支付率越高[47]。La Porta 等以 33 个国家和地区的 4 000 家大型上市公司年度股利支付情况为样本研究得到：高股利支付与拥有强大权利的少数股东相关联的结论[24]。以德国 1992~1998 年 736 起股利变更宣告事件为样本，Gugler

和 Yurtoglu 研究认为：第一大股东希望减少股利支付率而第二大股东希望增加股利支付率[48]。通过比较1998年美国和英国及欧洲其他国家公司的股利分配，Thomsen 研究认为：欧洲企业的股权集中对股利支付率有一种消极的影响，股权集中企业偏好保留盈余[33]。Khan 认为股利和股权集中度之间呈显著的负相关关系，并且股东类型不同，其相关关系也不同[49]。而 Da Silvar 等研究发现现金股利和第一大股东投票权之间呈 U 形关系[50]。Thanh Truong 和 Richard Heaney 以37个国家8 279家上市公司2003~2004年数据为样本研究显示：第一大股东持股比例与公司的分配意愿、股利支付率均呈现显著的 U 形关系，并且当第一大股东持股比例为30%时，分配意愿最低[34]。

国内关于现金股利支付水平与股权集中度之间关系有三种观点：第一种观点认为现金股利支付水平与股权集中度之间呈现正相关，即股权结构越集中，现金股利支付率就越高；第二种观点认为现金股利支付水平与股权集中度之间呈现 U 形关系，即股利随着第一大股东持股比例先下降后增加；第三观点认为现金股利支付率与第一大股东持股比例之间呈现 N 形关系。黄娟娟等以1994~2005年间我国上市公司的数据为样本，实证研究得出：上市公司股权越集中，现金股利的支付意愿越明显[45]。唐清泉等[51]以2000~2003年数据、王毅辉等[52]以2004~2007年数据为样本研究均得到：现金股利支付水平与大股东持股比例之间存在显著正相关。苏坤等[53]以2002~2006年民营上市公司为例，研究得出：控股股东现金流掌控权与股利支付率水平显著正相关，控制权与现金流掌控权的分离程度与现金股利支付水平显著负相关。陈洪涛等[54]以2001~2003年上市公司数据为样本研究得到：第一大股东持股比例与现金股利存在 U 关系，第二大股东持股比例与现金股利成反比，股本规模及股权相对集中度对现金股利没有影响[54]。李小军等以2001~2004年上市公司数据为样本实证研究得到：第一大股东持股比例越高，波动越大，第二大股东持股比例越高，股利越稳定[55]。宋玉等以2002~2004年数据为样本研究得到：现金股利的支付与最终控制人控制权比例呈现 U 形变动；两权分离程度越小，派发现金股利的水平就越大，但这种影响主要来自较高的现金流量权，现金流量权比例越大，派发现金股利的概率和水平也越大[56]。袁振兴以2001~2004年沪市584家样本公司为基础研究得到：第一大股东持股比例对现金股利政策具有影响；第一大股东作为控股股东，在不同持股比例区域表现出对现金股利的不同偏好，使得第一大股东持股比例与现金股利支付率之间呈现 N 形关系；且在股权集中的区域呈现 U 形关系[57]。

我国股权集中度与股利支付率之间的研究成果和国外研究成果的差异较大，这说明我国现金股利决策中所反映出的代理问题与国外不同。虽然代理问题不同，但是 U 形关系的存在表明：第一大股东显著影响公司的股利分配决策；第二大股东与第一大股东之间会存在同盟的可能性。因此，根据股权集中程度的差异，分别研究股利决策与第一大股东之间的相互关系是有意义的。

（2）股权性质

国外学者的研究成果普遍支持公司的现金股利政策会受到股权性质的影响。Rozeff 以64个行业1 000家公司1974~1980年数据为例，研究得到现金股利支付水平与管理层持股比例之间存在负相关关系[58]。Baker 和 Farrelly 根据130份机构投资者对股利的反馈结果,研究认为:在资本利得和现金股利之间机构投资者更偏好资本利得;并且认为股利的增长对股价是有积极影响的[59]。Mollah等以一年间孟加拉国达卡证券交易市场中非金融上市公司为样本,研究结果显示:内部人持股比例与股利支付率之间呈现负相关关系;普通股股东数与股利支付率之间呈现正相关关系[60]。Fenn和Liang以1993~1997年间1 100家非金融行业的公司为例,研究认为:存在潜在代理问题越严重的公司,管理层持股对股利分配的影响较大,并且投资机会少、拥有大量现金、管理层持股比例越低,公司股利支付率则较高[61]。Eckbo和Verma通过对加拿大上市公司的研究发现:现金股利支付水平与机构投资者、法人股东的投票权之间存在显著正相关关系,而与管理层持有的投票权之间存在显著负相关关系[62]。Short等以1988~1992年211家英国公司的面板数据为样本,首次使用股利支付模型检验股权结构和股利政策之间的关系,研究结果证实:股利支付率与机构投资者股权之间存在正相关关系;同时,研究结果也支持股利支付率与管理层持股之间存在负相关关系[63]。Khang和King以1982~1995年期间美国上市公司为例,研究内部人交易特征的影响因素,研究结果显示:股利政策是内部人交易的决定因素之一;现金股利的支付有利于减少公司内部人交易的发生,公司股利支付水平与内部人交易发生概率呈负相关关系;并且,机构投资者股东的持股比例与股利支付率之间呈正相关关系[64]。Farinha以英国上市公司为例,得到与Mollah等一致的研究结论,即内部股股东和股利之间存在着负相关关系[65]。Renneboog和Trojanowski选取了伦敦证券交易所1992~1998年上市的985家英国公司为样本,通过动态面板数据回归模型研究控制权结构与股利政策之间的关系,研究认为:利润是股利支付的原动力,但是大股东或者股东联盟的存在将利润与股利之间的这种关系弱化了;大股东以及股东联盟的投票权利对股利支付率有负面的影响,并且不同的股东类型对股利支付率的影响也不同,控股股东宁愿冒投资不足的风险来避免自由现金流量的代理问题[66]。根据股东性质的三种类型,即国有股、内部人大股东和机构投资人,Thanh Truong和Richard Heaney的研究结果显示:当大股东不是内部人的时候,公司更愿意分配股利;当大股东是内部人或者金融机构的时候,公司股利支付率水平越低[34]。

当然,也有学者认为股东的控制权结构和股利政策是无关的。Zeckhauser和Pound[67]、Noronha等[68]经研究认为机构投资者、内部人持股比例均不会影响股利支付政策。Faccio和Lasfer以1996年289家英国公司为样本,研究抚恤基金作为股东的监管角色,认为抚恤基金持股水平与股利支付率无关[69]。

国内大部分学者研究认为现金股利支付率与流通股比例之间存在负相关。但对于现金股利支付水平与国家股及法人股比例之间的关系,国内学者之间的观点具有较大的分歧。吕长江和王克敏认为国有股和法人股持股比例越大,公司的内部人控制程度越强,股利支付水平相对就越低[70]。以沪市1990~1995年上市公司数据为样本,Gul研究了国家持股、公司的成长机会和公司政策决定之间的关系,研究结果表明国家持股和股利政策之间存在正相关关系[94]。魏刚以1995~1999年的数据为样本,利用Logitic多元回归模型进行实证研究,发现国家股比例和法人股比例越高,上市公司分配现金股利的意愿就越高[71]。Chen等以1995~1998年412家香港上市公司为样本,研究股利政策与家族持股股权之间的关系,研究发现:不足10%的小公司其股利支付率与家庭股权之间存在负相关关系，10%～35%的小公司其股利支付率与家庭股权之间存在正相关关系[72]。采用2003年沪深A股截面数据为研究对象，朱明秀研究发现：国家股比例、境内法人股比例与股利支付率显著负相关，公司经理层及控股股东等内部人存在利用股利政策对中小股东的利益进行侵占的行为；流通股比例与股利支付率显著负相关，流通股股东更偏好资本利得[73]。唐清泉以2000～2003年数据研究显示机构投资者的作用尚不明显[51]。宋玉以2002～2004年数据研究得到：当最终控制人性质为政府尤其是地方政府时，上市公司派发现金股利的概率和水平更高。

中外股权性质与股利分配关系研究的最大不同是股东类型的划分。西方更多以是否掌握企业内部信息为标准将股东类型划分为内部人控股、金融机构持股和国有股。在我国由于金融机构等机构投资人并不多，因此，机构投资人对于公司大股东的制衡作用是十分有限的。所以，根据西方的分类标准，我国的股东类型只有国有股和内部人持股。西方所谓的内部人持股主要包括雇员、经理、执行董事、个人或家庭。这些内部人在我国股份的持有数量相对较小，除非上市公司本身就是非国有企业。因此，在我国主要的股东类型就转化为国有股份、民营股份。加之国内股份的二元性特点，在股份类型的划分中就增加了流通股和非流通股。由于股东类型的划分不同，中西方股东类型与股利分配关系研究的结果差异较大。

2.3.3.2 法律因素

西方法律对公司股利分配的影响主要体现在资本利得税的变化和中小股东权益的保护。1986年美国修改了资本利得税，税差理论的理论基础不复存在。La Porta等提出法律环境对中小股东保护程度是有差异的，根据法律保护水平的不同，股利分配呈现出结果模型和替代模型，并通过对比33个国家和地区4 000家大型上市公司1996年度的股利支付，进行了实证研究，实证研究结果支持股利的结果模型[24]。Faccio, Lang and Young、Mauryand Pajuste和Gugler and Yurtoglu等研究结论很好地支持了结果模型[74]。Thanh Truong和Richard Heaney的研究进一步说明法律环境与股利分配是相关的[34]。

在我国，尽管税差理论的作用有限，但是其他相关的法律规定对股利分配的影响依然存在。2006年以前我国法律规定对股利政策的影响，主要集中在分红对再融资条件的要求上。魏刚等认为应该根据上市公司实际情况、分行业将是否现金分红作为所有上市公司再筹资的必要条件[75]。何涛等经实证研究发现现金股利不能显著提高企业的市场价值，根据这一结果对于半强制性分红提出质疑[76]。以2002～2003年分配现金股利的上市公司为样本，唐国琼等采用多元回归分析的研究方法，发现半强制性分红对现金股利政策的影响非常大[77]。徐国祥从"现金股利悖论"提出一刀切的分红政策是不恰当的[31]。魏锋等的研究表明，政府管制可以降低代理成本，高层管理者持股也可以降低代理成本，且两者之间具有替代关系。因此，在增加公司高层管理者持股比例的同时可以适当放松政府对上市公司的管制[78]。肖珉的研究显示现金股利有利于抑制内部现金流富余的公司进行过度投资，支持股利的代理理论和半强制性股利的治理作用；但内部现金流紧缺的公司难以从以往年度连续派现或多派现的历史记录中获得好处，也不能缓解其投资不足的问题[79]。因此，半强制分红可能导致投资不足。袁振兴利用沈艺峰（2004）评价中小股东法律保护的赋值方法，研究了1992～2004年我国中小股东的权益保护程度，得出：现金股利支付与法律保护显著正相关，支持结果模型[74]。雷光勇和杨颖研究认为市场化进程促使股利分配更加理性，市场化程度越高，股利支付越多[80-81]。李常青等研究了2008年半强制性分红后的市场反应，研究结果显示：30%半强制性分红制度颁布期间资本市场整体呈倒U形走势，显示投资者对于半强制分红政策呈现出"预期—失望"的反应过程；进一步细分上市公司类型研究发现，计划再融资、高成长低自由现金流、高竞争低自由现金流的上市公司市场反应显著较差，显示半强制分红政策对有再融资需求或潜在的再融资需求的成长型以及竞争行业上市公司带来了一定的负面影响；认为半强制分红政策可能存在"监管悖论"的局限性[82]。

从现有关于法律规定对股利分配的实证研究来看，再融资条件和半强制性分红、中小股东权益保护和市场化进程成为理论界关注的焦点。但很少有研究关注公司积累率对股利分配的实证研究。事实上，公司是否分红与公司的积累水平之间存在重要联系。随着公司的发展，当公司达到成熟阶段的时候，积累也会增加，公司是否根据积累的多少来决定股利分配，直接关系到股东投资收益。因此，股利分配研究不应忽视对公司积累水平的研究。

2.3.3.3 公司经营状况

（1）盈利能力

国外研究普遍认为现金股利政策与企业的盈利能力正相关。Lintner 等[32]，Allen 等[88]，Thanh Truong 等[34]均认为当期盈利能力显著影响当期的股利支付水平。Fama 和 Babiak 的研究表明本期的股利支付水平还受前期盈利的显著影响。Baker 通过对纽约证券交易所318家上市公司进行问卷调查，得出：在制造业、批发零售业和公用事业三个行业中，预期的未来盈利水平是股利分配的最重要影响因素[83]。Fama 和 French 在《正在消失的股利》一文中指出：大量盈利能力不高的小企业上市导致近年来股利支付水平逐渐下降[21]。国外研究证明股利包含了当期永续盈利信息，而额外股利包含了未来永续盈利信息含量。这些研究都支持了股利的信息理论。

国内关于股利分配与盈利能力关系的研究结论并不完全一致。以2001年前（包括2001年）沪深上市公司样本数据进行的实证研究结论基本支持现金股利与公司盈利水平正相关。2001年后样本数据的实证结果差异加大。唐松华以2002年深市派现的215家公司为样本，研究发现派现率越高的公司每股收益平均值越低，这说明上市公司并不是"多盈多分"[84]。李礼等通过问卷调查的形式，以2003年69家非国有上市公司为样本，实证结果显示我国非国有上市公司制定股利政策时不太考虑公司盈利水平[85]。李小军对2001~2004年样本数据研究显示：每股收益及其变动是现金股利变动的关键因素[55]。冯阳等对2004~2006沪深上市公司为样本，实证研究显示：现金股利与每股盈余负相关[86]。而刘孟晖等以1999~2005年截面数据进行回归分析得到，盈利能力越强的公司，股利分配意愿越强[36]。郑荣等对2003~2009年样本数据研究得出：盈利水平是决定股利政策的重要因素，而累积盈余虽然对股利决策影响，但影响并不显著[87]。

国内研究结论之所以存在较大差距，本书认为样本数的来源是一个关键。随着我国上市公司的不断成长，相关管理制度不断出台，上市公司股利决策的动因可能会发生变化，这直接导致股利决策影响因素的变化。这种变化也会影响盈利能力在股利决策中的作用。这也从一个侧面反映出我国上市公司股利决策的复杂性。

(2) 举债能力

国外相关研究普遍认为现金股利政策与负债水平负相关。随着负债水平的提高,公司财务风险会增加,所以公司倾向于以留存收益等方式进行筹资。加之债权人为了维护自身利益,在借款合同中往往会限制现金股利的支付。因此,负债水平较高的公司现金股利往往支付的较少。Fama 和 French 经研究发现美国公司负债比例与现金股利支付率显著负相关[21]。Allen 和 Michaely 的研究认为现金股利支付水平与负债比率呈反向变动[88]。Thanh Truong 等经研究认为越低债务水平的公司,越愿意支付现金股利[34]。

国内绝大多数学者都认为上市公司的偿债能力对股利政策是有影响的。原红旗以 1994~1997 年上市公司为样本,研究发现公司负债主要是通过影响企业的流通性来约束现金股利的支付[40]。西方所谓的债务协定约束现金盈利的情形在中国并不存在。吕长江等以 1997~1999 年深沪两市 231 家支付过现金股利的上市公司为样本,研究得到:上市公司股利分配政策与资本结构存在双向因果关系,即公司负债能力越弱,其股利支付率就越低;公司股利支付率越高,其负债能力就越强[89]。除了陈国辉等[90]对 1996~1997 年样本数据研究显示现金股利政策与负债率水平无关以外,更多的研究学者,比如谢军[91]、魏锋等[78]、冯阳等[86]认为现金股利政策与负债水平负相关,郑荣[87]认为负债是公司股利决策的重要影响因素之一。但魏刚认为债权人的限制并不是股利分配的主要影响因素[71]。

从国内现有研究来看,关于债务契约对股利分配约束机制的研究几乎没有,负债水平一般作为控制变量用于股利分配的实证分析。这种现象产生的根本原因是公司债在国内还未充分发挥作用,而银行贷款的资金有限、限制条件多,上市公司自然就放弃了债务融资,从而转向股权的增资配股。于是,优序融资理论在我国呈现反次序的特征。因此,债务的契约约束对于上市公司股利分配的限制作用是有限的。

(3) 公司的成长性

人们通常认为处于成长期的公司,资金需求较大,公司倾向支付较低水平的现金股利或不分配现金股利,将利润留存企业内部以满足不断扩大的资金要求。然而,过多的积累引发了自由现金流量的代理问题。围绕代理成本是否以及如何影响公司财务决策而展开的投资效率研究,以及企业生命周期理的讨论,将成长性与公司股利分配紧紧地联系在一起。

Smith 等研究发现投资机会对公司的资本结构、股利和管理层薪酬有显著影响[92]。Gaver 等分行业研究公司的财务政策与投资机会的关系,得出:与投资机会较小的公司相比,高速增长的公司有更少的债务权益比率,股利支付水平也很少,而对管理层提供更高的现金补偿[93]。在控制了公司规模、收益水平、组织形式和所属行业等因素后,Gul 采用 1988~1992 年日本上市公司的面板数据研究发现,公司的投资机会与公司的债务水平和股利水平显著负相关[94]。Lintner[32]、Fama 等[28]研究发现股利支付率与前期销售增长率和预测的销售增长率呈负相关关系,即公司的投资机会越多,现金支付水平越低。La Porta[24]研究认为,在强投资者法律保护国家,公司的现金股利与成长机会的负相关性更为显著。在治理机制相对完善的公司,现金股利与成长机会的负相关性关系更强[95]。以香港上市公司为样本，Simon 等研究了公司财务政策与投资机会、管理层持股之间的关系，也得到了相似的结论[96]。Lie[97]、Deshmukh[98]、Rozeff[99]研究发现现金股利与公司增长机会呈负相关关系，成长型公司通常会减少现金股利，而提高现金股利的公司，其资本支出也相应较少。

国内大多数学者的研究成果支持现金股利政策与企业的成长能力负相关，比如陈国辉等[90]、魏刚等[75]、李小军等[55]、冯阳[86]和宋福铁等[100]。但邓贺赢等以沪深 A 股 2000～2002 年的数据研究结果显示公司高成长性与高股利并存的现象[101]。权小峰以沪深 A 股 2004～2008 年的数据研究证明行业所处的生命周转期并不影响公司的股利政策[102]。

国内实证研究成果显示公司的成长性已经成为财务决策的关键，股利分配与公司成长性紧密相关。持续深入研究公司成长与公司股利政策的关系是十分必要的。

（4）公司的规模

国内外研究普遍认为公司规模对会现金股利支付水平有较大影响。一方面，规模较大的公司拥有较强的竞争能力，更易于筹资；另一方面，规模较大的公司多处于成熟期，扩张欲望并不强烈，投资机会相对较少。因此，规模较大的公司拥有更多现金流，更倾向于发放现金股利。国外学者 Allen 等[88]、Eije 和 Megginson 的研究均证实公司规模与现金股利分配的正相关关系。国内学者吕长江等认为盈利能力和公司规模共同影响股利分配决策[89]。刘淑莲等[103]、魏锋等[78]的实证研究均表明上市公司现金股利支付水平与公司规模正相关。谢军[91]、宋福铁等[100]认为公司规模越大，越容易支付现金股利。

国内外实证研究显示公司规模与现金股利呈现正相关。这是否意味着随着公司的成长，规模的扩大，上市公司现金股利就会增加？那么，西方正在消失的股利现象是否意味着公司的规模有逐渐趋向小型化的变化趋势呢？目前我国上市公司的规模又具有怎样的特点？这需要我们进一步研究。

（5）行业

Lintner 认为产业类别因素可能会影响同行业内企业的股利政策[32]。Smith 等[104]研究认为一个行业的平均股利支付率与行业的投资机会呈负相关关系，而一个行业是否受到管制也是一个重要因素。Baker 等通过对纽交所上市公司的调查，发现上市公司具有强烈的行业股利趋同动机。Brav 等[105]通过对 308 个财务总监的访谈，发现 1/3 的财务总监都认为行业内其他竞争者的股利政策是他们发放股利的重要参考因素。国外研究结果表明：现金股利支付水平具有较为明显的行业特征，成熟行业的企业现金股利支付率高于新兴产业的企业，而受到管制的行业如公共事业公司的股利支付率通常较高。所以，通常将公用事业、金融、地产这些特殊行业删除进行实证检验。

罗宏以沪深 A 股 2001～2004 年数据的实证研究显示行业间股利支付率的差异不显著，11 个行业因素中只有极个别行业对股利分配具有显著性影响，大多数行业对股利分配的影响都不显著[106]。权小峰以沪深 A 股 2004～2008 年数据的实证研究得到：行业股利需求偏好、行业所处的生命周期并不影响企业当期的现金股利政策[102]。

国内研究显示行业特征并未对公司股利分配产生重要影响。这也从一个侧面证明中国的上市公司还不够成熟,行业间股利政策的差异性不大。

2.3.4 上市公司股利分配的稳定性研究

Lintner 最早提出的股利平稳化观点,即管理者更关心的是股利的变动而不是其绝对水平[32]。Lintner 从管理层决策角度出发,通过问卷调查的方式,研究影响股利分配决策的因素,建立了股利行为模型:

$$\Delta D_{it} = a_i + c_i [D_{it}^* - D_{i(t-1)}] + u_{it}$$

其中,i 代表某个公司,$D_{it}^* = r_i P_{it}$,r 是目标股利支付率,P_t 是本年度税后利润,c 是调整系数,ΔD_{it} 是红利支付的变化,D_t 是 t 时刻的红利,D_{t-1} 是 $t-1$ 时刻的红利,u_{it} 代表误差项。或者用每年支付红利的绝对数的简单公式表示为

$$D_{it} = a_{it} + b P_{it} + d D_{i(t-1)} + u_{it}$$

其中,$b = cr$,$d = (1 - c)$。

Lintner 通过关注股利支付率的变化,解释了管理层股利决策行为。行为模型解释当时西方上市公司股利政策变化的准确率达到 85%。在之后的 20~40 年,Fama 等[107]、Baker 等[108],Baker 等[109]调查美国上市公司 CFO 股利分配决策过程,大部分 CFO 都认为"如果预期下一年股利政策还要返回今年水平,公司就不应改变固定的股利水平""公司应该保持不间断的股利支付""公司应该确定目标股利支付率,定期调整股利支付率至目标支付率""股利变化金额比股利支付额重要得多"。从调查结果分析,CFO 的决策过程符合 Lintner 股利行为模型。Kato 和 Loewenstein 的研究显示日本公司具有稳定的股利支付率。也就是说,西方企业股利决策会考虑政策的连续性和稳定性。

我国学者刘星采用调查问卷的形式得出:保持稳定的股利支付率排在影响因素的第四位[110]。吕长江等以沪深两市 1997、1998 年支付现金股利的全部 316 家上市公司为样本,运用修改后的 Lintner 部分调整模型,研究得出:股利支付水平取决于前期股利支付额和当期盈利水平及其变化[70]。李常青认为 Lintner 模型关于股利决定的假设在我国不一定适用,而部分调整模型要求数据的时间序列较长,因此,李常青采用随机游走模型来估计公司的股利变化[111]。任有泉以沪深两市 1994~2001 年 126 家上市公司股利支付为样本,采用 Lintner 部分调整模型回归得到:前期股利的回归系数(d)只有 0.04(低于新兴市场的股利支付水平),调整系数(c)0.96,目标股利支付率(r)0.395 7[112]。实证结果显示:与成熟资本市场的上市公司不同,我国上市公司股利支付与上年的股利支付无关。徐新以沪深两市 2002~2005 年连续分配现金股利的 216 家上市公司为样本,通过 Lintner 部分调整模型回归得到:前期股利的回归系数(d)0.406(且在 1% 水平下显著,但明显低于 Lintner 的回归结果 0.7),调整系数(c)0.594,目标股利支付率(r)0.44[113]。尽管徐新的研究结果显示:股东在股利决策时考虑了前期股利,但是调整幅度加大,公司股利政策的稳定性较差。扈文秀等以随机抽样方式获取的 1996~2002 年 100 家上市公司为样本,实证研究发现中国股市现金股利增量时间序列近似符合平稳过程[114]。易颜新对沪深两市 1999~2005 年 2 176 个样本数据进行多

元回归分析显示：本期股利与前期股利显著正相关[115]。由于易颜新没有采用部分调整模型，所以无法判断股利的稳定程度。许文彬等以 2003~2008 年样本数据的研究显示绝对控股和相对控股的公司股利政策调整速度高，股利政策更不稳定；制衡控股调整速度相对低些，股利政策相对稳定，但最低的股利政策的调整系数（c）也达到 0.722[116]。该数据比徐新[113]的研究结果的调整速度还要高。现有研究显示，我国的政策并不具备稳定性和连续性。这也意味着大股东对于股利政策的操控很可能是存在的。

中外学者股利稳定性的实证研究显示：中外企业股利稳定性存在较大差异。2002~2005 年我国上市公司股利政策"被动"稳定后，2006~2008 年股利政策又呈现较大波动，并且股利政策的稳定性与控股股东的持股比例紧密相关。另外，2001~2010 年样本数据对于部分调整模型来说还是偏短。因此，股利政策稳定性实证研究在我国并未得到明确的结论。

2.4 文献综述评析

上市公司为什么要支付股利？20 世纪 70 年代以来，美国支付现金股利的上市公司比例为什么呈现下降趋势，并且，加拿大、英国、德国、法国和日本支付现金股利的上市公司比例也在下降，不分配现象是否有一种国际化趋势？我国是否也存在"股利消失现象"？是何种原因引发我国的"股利消失"？要回答这些问题，我们需要依据更长时间的数据进行全面的分析。

回顾股利分配理论的发展历程，控股股东是股利分配理论发展的核心，因此，从控股股东出发，探索上市公司股利分配问题最为有效。尽管现有研究已经注意到控股股东对于股利分配的重要作用，但是现有研究更多的关注控股股东对于现金股利的影响，很少关注控股股东对于分配意愿和分配形式的影响。因此，全面认识我国上市公司股利分配决策，还需研究控股股东对于分配意愿和分配形式的影响。

虽然很多学者研究了控股股东与现金股利之间的关系，但是研究结果并未完全一致。这其中一个重要原因就是学者们没有区别控股股东的控制类型，单纯以持股比例进行研究，难免由于持股比例的差异导致一些共性特征的缺失。所以，根据不同的控制类型，进一步研究控股股东对于现金股利的影响是有现实意义的。

20 世纪 90 年代，随着我国证券市场的发展和完善，我国学者开始关注并研究上市公司股利政策。研究内容主要集中在检验我国上市公司的股利政策是否符合信号传递理论、代理理论和股利政策的影响因素上。由于研究方法、样本范围、样本区间的不同，对于同一问题的研究结论也不同。以集中股权为基础，Shleifer 和 Vishny 提出大股东利益侵占假说（又称大股东掏空理论）[23]。该理论与我国"一股独大"情况相吻合，从而在我国掀起围绕控股股东侵占中小股东利益假说的上市公司现金股利的研究热潮。冯根福的双重委托代理理论阐述了我国上市公司的两种代理成本[25]。而分与不分股利都可能成为控股股东侵占小股东的手段。这将上市公司的股利政策推入了一个两难的境地。正是由于股利政策存在两面性，所以，我们并不能以是否分配股利，以及分配多少作为控股股东侵占小股东的唯一判断标准。于是，近年来，国内外学者从公司发展与公司投融资角度出发，通过研究上市公司的投资效率来重新审视利益侵占假说。以上研究提示我们信号理论、代理理论和生命周期理论的综合作用更有利于研究上市公司的股利政策。而这些理论的关注焦点是公司的控股股东、公司成长性与股利分配之间的辩证关系。因此，从控股股东角度出发，研究上市公司的成长性与股利分配之间的关系，探析上市公司股利决策机制是合理且有实际意义的。

3 上市公司股利分配的机理研究

3.1 上市公司股利分配的制度规定

3.1.1 《中华人民共和国公司法》对于股利分配的规定

《中华人民共和国公司法》（以下简称《公司法》）是公司股利分配的基本制度。《公司法》（2006）第一百六十七条规定公司在分配当年税后利润时，应当按税后利润的10%提取法定公积金。但当法定公积金累计额达到公司注册资本50%以上的，可以不再提取。公司从税后利润中提取法定公积金后，经股东大会决议，还可以从税后利润中提取任意公积金。公司提取公积金后所余税后利润与以前年度的未分配利润构成可供分配的利润。《公司法》（2006）第一百六十九条规定公积金可用于弥补公司的亏损、扩大公司生产经营或者转为增加公司资本。法定公积金转为资本时，所留存的该项公积金不得少于转增前公司注册资本的25%。

根据《公司法》的规定，资本公积金、盈余公积金和未分配利润是企业股利分配的资金来源。三项资金是股东权益或净资产的主要构成内容。股利分配与股东权益之间是此消彼长的关系。股利分配的多，股东权益就会减少。而股东权益增长率是企业可持续增长率的代表。因此，股利分配与企业成长性紧密相关。La Porta 等从股东权益保护角度，研究了普通法系与大陆法系下上市公司股利分配与公司成长性的关系。研究认为：大陆法系国家上市公司的成长性高于普通法系国家，普通法系国家上市公司的股息发放高于大陆法系国家。而通常人们认为普通法系下股东权益的保护程度比大陆法系下的要好。La Porta 等的实证结果显示：高成长的公司现金股利比低成长的公司低。这与在股东权益保护程度较高的国家，当股东选择成长性较好的上市公司时，愿意暂时放弃股息，而希望在长期获得更好收益的观点保持了一致。从另一个方面来看，股东权益保护较差国家的上市公司为了在短期内获得诸如公司的美誉度、高市场价格等所有可能的利益，会选择高股利而放弃了长期成长的机会。

也许正是 La Porta 等的研究成果得到理论界和实务界的一致认同，我国证监会在面对国内不分配现象比较普遍的情况，出台了一系列规定，以促使上市公司进行现金分配。于是，我国形成股利分配中的一个独特现象：半强制性分红制度的出台。

3.1.2 除《公司法》外其他股利分配的制度规定

我国股票市场建立的初衷是为了解决国有企业融资难的问题。虽然经历 20 多年的发展，非国有股份的比例不断增加，但是上市公司的融资功能依然被社会各界所重视，从而忽略了中小股东的投资回报。从保护外部中小股东角度出发，中国证监会将分派股利与权益再融资联系起来，提出一系列半强制性分红制度，旨在改变上市公司"重圈钱而轻回报"的做法。2001 年 3 月出台的《上市公司新股发行管理办法》规定，最近 3 年未有分红派息，且董事会对于不分配的理由未做出合理解释的上市公司，其再融资时，担任主承销商的证券公司应当重点关注，并在尽职调查报告中予以说明。新股发行管理办法实施 1 年半之后，2004 年 12 月证监会又出台了《关于加强社会公众股股东权益保护的若干规定》，提出：上市公司最近 3 年未进行现金利润分配的，不得向社会公众增发新股、发行可转换公司债券或向原有股东配售股份。从是否分红到是否现金分红，证监会具体明确了股利分配的形式。虽然这两个制度在一定程度上减少了不分配的占比，但是实施不久之后，不分配比例又有所上升。于是，2006 年 5 月证监会在《上市公司证券发行管理办法》中明确了股利支付水平，即上市公司发行新股须符合"最近 3 年以现金或股票方式累计分配的利润不少于最近 3 年实现的年均可分配利润的 20%"。2008 年 10 月，中国证监会发布《关于修改上市公司现金分红若干规定的决定》，明确规定再融资公司须"最近 3 年以现金方式累计分配的利润不少于最近 3 年实现的年均可分配利润的 30%"。从股利支付水平 20% 到现金股利支付水平 30%，半强制分红制度对于是否现金分配以及现金分配比例进行了进一步限定。规范上市公司分红行为的相关政策文件如表 3-1 所示。

表 3-1 规范上市公司分红行为的相关政策文件

发布时间	文件名称	涉及分红的主要内容
1993 - 12 - 29	《公司法》	股票发行实行公开、公正、公平原则，必须同股同权，同股同利
1996 - 07 - 24	《关于规范上市公司若干问题的规定》	上市公司确实必须进行中期分红派息的，其分配方案必须在中报经具有从事证券业务资格的会计师事务所审计后制定；公布中期分配方案的日期不得先于上市公司中期报告的公布日期。 制定公平的分配方案，不得向一部分股东派发现金股利和向其他股东派发股票股利。 上市公司送股方案必须将以利润派送红股和以资本公积金转为股本予以明确区分，并在股东大会上分别做出决议，分项披露，不得将二者均表示为送红股
2001 - 02 - 25	《上市公司新股发行管理办法》	主承销商的证券公司应当重点关注下列事项，并在尽职调查报告中予以说明：公司最近 3 年未有分红派息，董事会对于不分配的理由未做出合理解释

续表

发布时间	文件名称	涉及分红的主要内容
2001-05-11	《关于上市公司新股发行审核工作的指导意见》	发审委委员审核上市公司新股发行申请,应当特别关注下列问题:关于上市公司的分配情况,应当关注公司上市以来最近三年历次分红派息情况,特别是现金分红占可分配利润的比例以及董事会对于不分配所陈述的理由
2004-12-07	《关于加强社会公众股股东权益保护的若干规定》	上市公司董事会未做出现金利润分配预案的,应当在定期报告中披露原因,独立董事应当对此发表独立意见;上市公司最近三年未做出现金利润分配的,不得向社会公众增发新股、发行可转化债券或向原股东配售股份
2006-05-06	《上市公司证券发行管理办法》	最近三年以现金或股票方式累计分配的利润不少于最近三年实现的年均可分配利润的20%
2008-10-09	《关于修改上市公司现金分红若干规定的决定》	公司应当在章程中明确现金分红政策,利润分配政策应保持连续性和稳定性; 上市公司可以进行中期现金分红; 最近三年以现金方式累计分配的利润不少于最近三年实现的年均可分配利润的30%; 上市公司应披露本次利润分配预案或资本公积金转增股本预案。对于本报告期内盈利但未提出现金利润分配预案的公司,应详细说明未分红的原因、未用于分红的资金留存公司的用途。公司还应披露现金分红政策在本报告期的执行情况。同时当以列表方式明确披露公司前三年现金分红的数额、与净利润的比率

资料来源:根据相关政策文件整理获得。

半强制性分红政策的初衷是保护股东,特别是中小股东权益。但是,政策忽略了公司发展的客观需要。对于那些已经进入成熟期的公司而言,加大分红无疑对于保护股东利益是十分有效的。但是,对于那些需要资金进行发展壮大的企业而言,加大分红比例,必然影响企业的积累和进一步发展。因此,保护中小股东权益的同时,有关政策也应兼顾公司的发展。而影响发展的关键因素就是公司留存收益的积累率。《公司法》规定提取利润的10%列入公司法定公积金,当法定公积金达到注册资本50%,可以不再提取。但是《公司法》并没有限制公司继续提取。因此,从公司发展的角度出发,进一步研究公司积累对于股利分配的影响,更有利于揭示公司股利分配与成长性之间的辩证关系。

3.2 代理冲突与公司的股利分配

股利代理成本理论源于公司的代理理论。1932 年，在《现代公司与私有财产》一书中 Berle 和 Means 提出：在股权高度分散的现代公司中，由于所有权与经营权的分离，管理者与全体股东之间的利益冲突是这类公司面临的主要问题[117]。管理者与全体股东之间形成委托 – 代理关系，进而引发代理成本。股利代理成本理论认为现金股利是缓解管理者与全体股东之间的利益冲突、降低代理成本的一种机制。Jensen 和 Meckling 认为委托人的监督成本、代理人的约束成本和剩余损失构成代理成本。

3.2.1 股利代理成本的经济学解释

3.2.1.1 发放股利的成本

Rozeff 最早将代理成本应用于股利政策研究。他认为发放股利会引发两种成本，股利支付一方面能降低代理成本，另一方面会增加交易成本。股利发放比例率在这两种成本之间进行权衡，以使总成本最小[118]。发放股利的成本如图 3 – 1 所示。

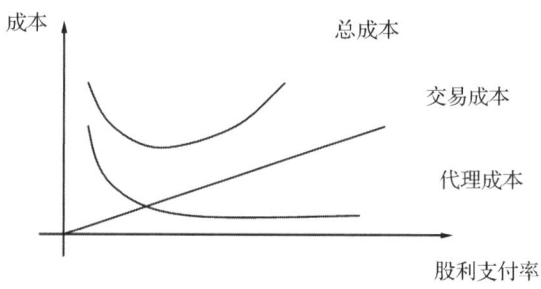

图 3 – 1 发放股利的成本

Rozeff 这样解释现金股利降低代理成本的原因：①管理者必须确保产生足够现金支付现金股利，这给管理者带来压力；②为了投资项目，管理者需要筹集外部资金，这样有利于股东加强资金使用的监督；③现金股利能够减少管理者浪费在非盈利投资项目上的现金数量。同时，Rozeff 认为经营杠杆和财务杠杆也是决定股利政策的重要因素。在其他情况相同的情况下，如果公司经营杠杆和财务杠杆的相对较高，则公司对外部融资的依赖性较强。发放现金股利，企业内部资金减少，这将增加公司对外融资的需求，而对外募集资金会增加交易成本。

Rozeff 提出了一个现金股利决策过程模型（图 3 – 1）。他认为交易成本和代理成本平衡的结果形成了最优现金股利政策，即"最优或理想的股利支付水平是显性的交易成本与隐性代理成本的最小化"。所以，现金股利降低代理成本方面的积极作用将受到交易成本的制约。

尽管 Rozeff 的现金股利决策模型确认了现金股利降低代理成本的作用，但是 Rozeff 并没有定义代理成本，也没有将代理成本与公司成长、投资政策联系起来。在 Rozeff 之后，Jensen 将公司成长引入投资决策，提出"自由现金流量"的概念，从而奠定了股利代理成本理论的基础。

3.2.1.2 股利的两种代理成本

Easterbrook 弥补了 Rozeff 的研究不足，对股利的代理成本进行了定义[17]。由于管理者并非股东和公司其他利益相关者的完美代理人，管理者有可能为了追求自身利益，而侵害其他人的利益。因此，在进行股利分配决策的时候，公司就必须建立相关机制对管理者实施监督，而监督就会发生成本。这就是 Jensen 所说的代理成本，也可称之为监督成本。另外，由于管理者通常是厌恶风险的，所以，管理者往往倾向选择风险较低、收益也较低的投资项目。与管理者对待风险的态度不同，股东更偏爱冒风险、高收益的项目。而选择高收益、高风险的项目势必会牺牲债权人的利益。当认识到管理者和股东的意图后，债权人会利用法律条款和手段来约束管理者和股东的行为，股利分配就成为一种途径。比如债权人可以限制股利支付，将现金转为留存收益，再用留存收益投资新项目，这将降低公司的负债权益比，也就降低了公司的风险，从而保证了债权人本息的安全性。债权人通过债务契约将股东的财富转移给了自己。这是股利代理成本的另一种形式。

Easterbrook 认为，为了降低代理成本，公司可以选择较高的、连续的现金股利支付政策。这样一来，为了继续企业的经营活动，公司必须到外部市场融资。为了得到外部资金，公司则必须按照最大化股东利益行事，并接受新股东、市场监管和中介机构等的监督和审查，从而有利于降低原来股东的代理成本。另外，公司通过获得新的贷款，调整债务股权比率，协调股东和债权人的利益，促使经营者自觉面对风险，从而增加了股东的利益。如果发放现金股利后，公司并没有从资本市场上筹集新的资本，公司的债务股权比率也会随着股利的支付而增加，从而确保股东财富没有转移给债权人。

与 Rozeff 相比，Easterbrook 将公司的代理关系从经营者与股东之间扩展到了债权人与股东、管理者之间，并且阐述了现金股利分配对股东、债权人和经营者利益的影响，清楚地界定了代理成本的内容；通过现金股利影响代理人行为的机制，得出高现金股利既是抑制经营者滥用股东现金，缓解经营者与股东之间代理问题的机制，也是股东（或股东与经营者合谋）将债权人财富转移给股东的机制。股利就像是一架钟摆，它不仅可以减少管理者产生的代理成本，而且可以通过利益的重新分配来防止公司某一部分相关利益者从其他相关利益者那里攫取财富。所以，Easterbrook 认为股利可以充分发挥资本市场的监督机制。

3.2.2 股利的自由现金流量假说

由于管理者具有私利性，存在道德风险，管理者和股东之间的信息不对称，必然导致管理者和股东之间的利益冲突，因此，股东必须对管理者行为进行监督和约束。于是，代理成本产生了。Jensen 1986 年 5 月在《美国经济评论》上发表的《自由现金流量的代理成本、公司财务与收购》一文中，首次提出自由现金流量概念，并将之定义为：满足所有具有正的净现值的投资项目所需资金后多余的那部分现金流量。Jensen 利用自由现金流量解释了股利降低代理成本的机制。Jensen 认为，在股权分散的公司，自由现金流量越多，管理者掌握的公司资源就越多。管理者从私利角度，会将自由现金流量投入一些低效益的项目上；而从投资效率上来说，选择低收益的项目进行投资，不如将自由现金流量通过增加股利或回购股票还给股东。而管理者并不希望将自由现金流量还给股东。这是因为：一方面，自由现金流量还给股东，必然减少管理者控制的公司资源，而管理者需要通过对公司资源的控制来实现公司的增长，并且管理者的报酬和业绩与公司的增长息息相关；另一方面，自由现金流量还给股东，公司将来需要资金时就必须到资本市场上举债，举债等于管理者为自己增加了一种市场监督。以上两个方面都是管理者所不愿看到的。因此，如何使用自由现金流量是股东与管理者之间利益冲突的表现。自由现金流量越多，股东与管理者之间的利益冲突就越严重。Jensen 认为管理者手中掌握过多的自由现金流量是危险的。而防止管理者滥用自由现金流量的最有效的方法就是发放股利、减少管理者手中掌握的自由现金流量。随着现金流量的减少，管理者必须到资本市场上负债以筹集发展所需的资金。负债激励管理者将自身利益与股东利益相协调，即通过举债，管理者约束自己从股东利益出发来做事。因此，发放股利有利于降低代理成本，并能提升公司的价值。通过股利支付减少自由现金流量，并引入债务来约束管理者行为是自由现金流量假说的核心。透过股利分配，我们看到了相关利益人之间的利益矛盾。自由现金流量假说的理论基础依然是现金股利减少代理成本。这与 Easterbrook 的观点不谋而合。虽然 Jensen 并没有给出自由现金流量的量化定义，并且到目前为止，对于何为自由现金流量理论界和实务界并没有一个统一认识，但是 Jensen 看中的是自由现金流量的外延，即如何支配自由现金流量。从效率角度而言，股东价值最大化必然要求将自由现金流量还给股东，也就是说，发放现金股利有利于降低代理成本。

3.2.3 股利的利益侵占假说

自由现金流量假说最初源于 Berle 和 Means 股权高度分散假设。而越来越多的国家或地区呈现股权结构相对集中或绝对集中。在股权相对集中或者高度集中的公司，大股东与中小股东之间的代理关系更为普遍。冯根福将股权集中的代理问题定义为双重代理关系：控股股东或大股东与经营者之间的委托代理关系，以及中小股东与委托人（控股股东或大股东）之间的委托代理关系。尽管在股权相对集中或高度集中的公司，控股股东可以有效地监督管理者，降低管理者的代理成本，但是由于控股股东具有私利性，又会寻机掠夺租金，从而损害中小股东的利益，于是中小股东代理人的代理成本上升。

控股股东与中小股东之间代理成本的大小受到如下两方面因素影响。第一是中小股东与控股股东的目标函数不同。小股东按持有股权比例获得相应的剩余收益，具体包括公司的分红和买卖股票的价差。控股股东除了按其持有股份获得相应的剩余索取权以外，由于掌握公司的控制权，还可能获得控制权私人收益。La Porta 等在 LLSV 模型中将控股股东的私人收益定义为红利收益及控股股东从公司中剥夺的收益之和[119]。2000年Johnson等提出掏空（Tunneling，也有译为隧道效应）的概念[120]解释控股股东从公司剥夺收益的行为。Johnson等通过对典型法律案例的分析提出了四个命题：①即使在发达国家的市场中，转移公司资源的掏空行为也同样存在；②大多数掏空行为是合法的，尽管在新兴市场中掏空行为会出现偷窃和欺诈；③掏空形式有多种，包括控股股东没收（expropriation）公司的投资机会、控股股东制定有利于自己的转移价格、以非市场价格转移资产以及提供贷款担保等；④区分大陆法系和普通法律掏空效应的差异。第二是控股股东与中小股东之间的信息不对称。相对中小股东而言，大股东参与的公司治理活动较多，具有较大的信息优势，对公司经营活动有监督的动力。小股东由于持股比例较少，投票表决的能力偏弱。在公司信息披露不足或者大股东故意隐瞒信息的情况下，小股东几乎无法获得公司经营决策的真实信息。如果大股东通过多种手段以获取控制权私人收益，则必然损害中小股东的利益。但是在不同的法律环境下，由于大股东受到的约束机制不同，因此，大股东侵害中小股东利益的程度将会出现差异。于是，股利分配问题又被引申到股东权益，特别是中小股东权益保护问题。

3.2.4 股利的结果模型和替代模型

La Porta等首次将股东权益保护引入股利代理理论，并建立了股利结果模型和股利替代模型。结果模型认为股利可以被看成是有效股东权益保护的结果。在一定法律环境下，小股东可以利用法律赋予他们的权利要求公司支付现金股利，从而避免管理人员挥霍公司的利润谋取个人私利。在其他条件相同的情况下，对小股东权益保护得越好，上市公司的股利支付率就越高。在中小股东权益保护越好的法律环境下，为了获得更高的股利，面临好的投资机会，公司会选择低股利支付率，以便实施投资计划。也就是说，在中小股东权益保护越好的法律环境下，高成长性公司的股利支付率要比低成长性公司的股利支付率要低。而在中小股东权益保护不好的法律环境下，成长性与股利支付率之间就不会存在这种关系。这时，股利成为股东权益保护的一种替代品，这就是股利的替代模型。在股东权益保护不好的国家，股东可以信赖的只是公司的良好信誉。发放股利有利于公司树立信誉。而在中小股东权益保护较好的国家，信誉机制就显得不重要了，所以支付的股利就会较少。也就是说，在其他条件相同的情况下，对中小股东权益保护不好的国家，上市公司的股利支付率越高；并且面对良好投资机会，尽管公司资金需求较大，为了建立良好信誉，高成长性公司支付的股利支付率还是比低成长性公司支付的股利支付率高。显然，西方学者已将股利作为衡量中小股东权益保护的一种指标。这与"利益侵占"的自利行径正好相反。

肖珉认为：在中小股东权益保护越好的法律环境下，小股东可以利用法律迫使公司在缺乏好的投资机会时"吐出"自由现金流量，但在中小股东权益保护不好的法律环境下，内部股东事实上是不会为了建立"声誉"而派发现金股利[121]。因此，现金股利只能是法律保护小股东利益的结果，并无法充当法律保护机制的替代品。

在我国，现金股利也无法成为控制股东和小股东利益均沾的有效途径。上市公司股权结构二元性特点的客观存在，使得控股股东与中小股东在股权成本与股权利益上都存在明显的差异。从股权成本上看,小股东购买流通股的 IPO 价格远高于控股股东的持股成本。从股权收益上看,股权分置改革前,控股股东所持股份不能在股票市场流通,股权转让只能通过协议转让,而且转让价格一般依据账面净资产,而非股票市价。因此,大股东无法分享股票价格上涨带来的好处,其正常的利益只能是现金股利。股权分置改革后,股票进入全流通时代,大股东为了保持持股比例,也不可能肆意地出售股票。由于投入成本和利益实现形式的不同,根据股东持股比例进行的股利分配对于大小股东的影响完全不同。控股股东一般倾向于现金分红,并通过股权再融资从中小股东手里筹得现金。因此,控股股东通过现金分红合法地将公司大部分利润进行转移,这就使得现金股利不再是典型的利益分享,而成为控股股东进行"利益侵占"或者"利益输送"的一种特有方式。

从理论上讲,股利的自由现金流量假说和股利的利益侵占假说所依赖的代理问题,以及建立于代理问题基础上的股利结果模型和股利替代模型是可以纳入一个统一的分析框架之中的。股利分配可以根据不同股权结构,因时机、因行业、因公司而异等做出决策。然而,现有的股利代理理论却无法达到这一目标。其中一个关键因素就是代理理论只是关注了利益相关人的利益冲突,却没有更多地考虑公司自身发展水平对利益冲突的协调与制约作用。也就是说,脱离公司成长性分析的股利代理理论是无法全面解析公司股利分配决策的。

3.3 成长性与公司的股利分配

3.3.1 股利生命周期理论

所谓股利生命周期理论是指在公司处于不同生命周期的发展阶段采取相应的股利政策。股利生命周期概念最早出现在有关 MBA 公司价值评估的教科书中[122]。通常,企业发展都会经历投入、成长、成熟到衰落的生命周期。从公司财务战略角度出发,Ruth Bender 和 Keith Ward 认为:在投入期,企业应适量投入资本,而资本来源主要依赖权益资本,此时公司不应分红;进入成长期,企业需要大量投资,由于投资所需的资金数量大,债务资本不能满足,企业发展所需的资本仍然依赖权益资本,此时公司应采用少量分红;进入成熟期,用于维持现有生产能力和生产规模的资本支出不大,债务资本和留存收益完全能够满足,所以公司应采用大量分红;在衰退期,企业不需要资本支出,债务资本就能够满足企业的资金需要,所以企业应将自身全部收益用于股东分红[123]。

在公司生命周期的不同发展阶段,不同的股利政策必然对企业的财务政策产生影响,进而影响公司未来的发展和股票价格。股利生命周期理论认为影响公司股利政策的因素除了交易成本和代理成本外,还有一个重要因素,就是公司所处生命周期的发展阶段。在不同发展阶段,企业所需的资金量有很大的差别。股利政策之所以和企业的生命周期息息相关,是由于在不同的发展阶段,股利分配与否不仅关系到企业自由现金流量的多少,还影响公司对外筹资数额的大小。而自由现金流量和对外筹资又会导致交易成本和代理成本的发生,从而引起公司股票价格的变化。

在投入期,企业需要适量的资本投入。由于缺乏资信,企业对外筹资的交易成本是巨大的。因此,企业资金主要依赖股东的权益投入。企业成立之初,留存收益十分少,为了生存,企业应该采用不分红的股利政策。尽管此时有一定的自由现金流量,但是由于数量较少,所以代理成本不大。企业放弃分红,不对外筹资,交易成本为零。从总成本最小的角度来说,投入期不分红对企业而言是最优的选择。在成长期,企业需要大量资本支出。由于企业资信水平不高,贷款能力不强,企业的发展资本仍然依赖权益资本。如果企业对外发行股票,巨大的发行成本会增加企业的交易成本,这对企业是不利的。因此,留存收益是企业再投资的理性选择。但过多留存收益自然会增加企业的自由现金流量,导致代理成本的增加。为了满足企业发展的资本需要,并降低代理成本,企业可以将大部分利润保留在企业作为再投资资金,而将其余利润以现金红利方式支付给股东。由于公司积累有限,资本需求大,所以能够用于支付现金红利的资金数量是比较少的。因此,在成长期企业采用少量分红的股利政策,不但可以减少交易成本,并且代理成本也不大,符合总成本最小的决策目标。在成熟期,公司不再进行大规模的资本支出,仅仅需要少量的资本用于维持现有生产能力和生产规模。此时,企业的资信水平较高,举债能力比较强。如果企业利用对外发行股票筹资,由于发行成本高,就会导致交易成本上升。如果企业利用负债,虽然也会发生一定的筹集费用,但是由于债权人的介入,可以有效地降低公司的代理成本,所以,对公司而言,利用负债筹资是可行的。由于公司处于成熟阶段,留存收益多,则公司的代理成本相对较高。为了降低代理成本,公司应该采用较高的股利支付率,同时对于剩余的留存收益可以进行再投资。显然,从成本最小的观点出发,企业在成熟期支付高比率股利支付率有利于降低代理成本和交易成本。在衰退期,公司几乎不需要资本支出,债务资金足以满足企业的资金需要,所以,此时企业应该将其全部利润用于分红。这样不但可以降低代理成本,交易成本也不高,仍然符合总成本最低的原则。

虽然股利生命周期理论提出公司应当根据不同发展阶段选择适宜的股利政策,但是股利生命周期理论并未明确股利分配与公司成长性之间的关系。而可持续增长模型,则揭示了股利分配与公司成长性之间的辩证关系。

3.3.2 可持续增长模型

3.3.2.1 可持续增长

企业可持续增长是 Robert C Higgins(1977)从企业财务管理的角度观点首次提出的。Robert C Higgins(1977)认为企业的可持续增长是在不需要耗尽财务资源的情形下,企业销售所能成长的最大比率。在此基础上,詹姆斯·C. 范霍恩和小约翰·M. 瓦霍维奇在《财务管理基础》一书中将其发展,形成企业可持续增长模型。

可持续增长模型假设:①公司已经拥有且希望能够继续维持一个目标资本结构和目标股利政策;②管理者不可能或不愿意发售新股。

图 3-2 显示了一个处于快速发展阶段的公司。我们用两个长方形代表企业的资产负债表。上面两个无阴影的长方形上方代表公司年初的资产、负债和所有者权益。公司快速增长，销售收入增长，同时，库存、应收账款等资产以及生产能力也会相应增加。图中资产方的阴影部分代表了企业用于支持销售所必需的新增资产。在资本结构保持不变的前提下，随着权益的增加，公司在不改变资本结构的情况下借入更多的负债。负债和权益的增长决定了资产所能扩展的速度。并且负债和权益的增长会最终限制销售的增长率。因此，一个公司的可持续增长实质上是股东权益的增长。若以 g^* 代表企业的可持续增长，则

$$g^* = \frac{\text{股东权益变动值}}{\text{期初股东权益}}$$

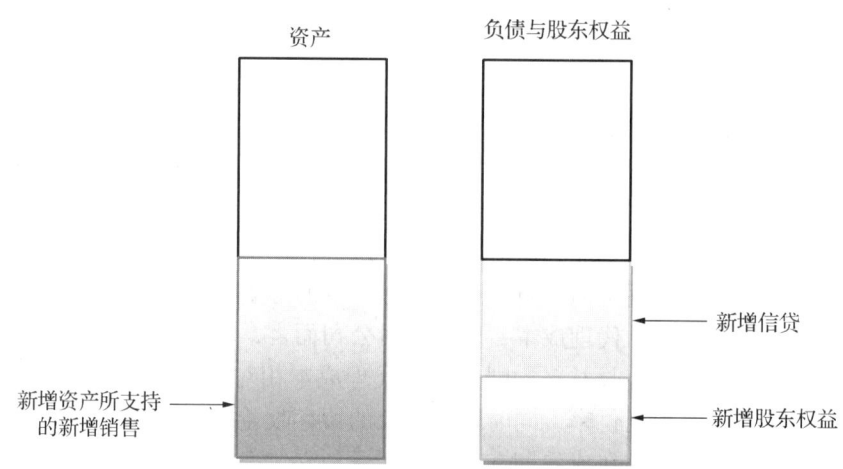

图 3-2 新增销售所要求的新增资产、新增负债和股东权益

由于假设公司不发行新股，所以公司新增股东权益必定来自留存的利润。假设 R 代表公司的留存收益比例，T 代表资产与期初所有者权益之比，P 代表销售利润率，A 代表资产周转率，则可持续增长率可表述为

$$g^* = P \times R \times A \times T$$

假设 ROA 代表企业的资产报酬率，则上述可持续增长公式可表述为

$$g^* = R \times T \times ROA$$

这个可持续增长方程表明：在给定稳定的财务政策下，即企业的留存收益水平和负债水平一定，公司的可持续增长与资产收益率呈现线性变动关系。图 3-3 是可持续增长示意图。其中上斜对角线就是根据可持续增长方程确定的。这条线被称为"平衡增长"。只有当销售增长和资产收益的组合落到这条线上，公司才能实现以不改变资本结构的方式筹集公司成长所需的资金。当公司快速增长且仅有边际收益，公司财务就会出现现金缺口，也就是平衡线上方所示区域；当公司缓慢扩展且高盈利，公司财务就会出现现金余额，也就是平衡线下方所示区域。

如果公司经营总能保持在平衡线上，那么公司的经营活动就呈现稳定发展的状态，公司的财务政策也就比较稳定。但是事实上公司经营活动受到多种因素的影响，并不可能总是保持稳定，于是公司财务就会出现现金缺口或者现金余额。可持续增长问题就是由管理不平衡引起的现金余额和现金缺口。公司可以通过三种方式来保持平衡增长：①改变公司的增长率；②转变资产收益率；③修正财务政策。其中财务政策就是公司的股利分配和负债水平。当我们调整留存收益与负债水平后，平衡曲线可能会像图3-3所示那样向平衡线的上方旋转，形成图中虚线所示的平衡状态。于是，无论企业的盈利能力如何，通过不同的财务政策，公司都可能保持一个更高的增长率。这表明公司的成长性与公司的股利分配之间紧密相连，具有一种辩证统一关系。

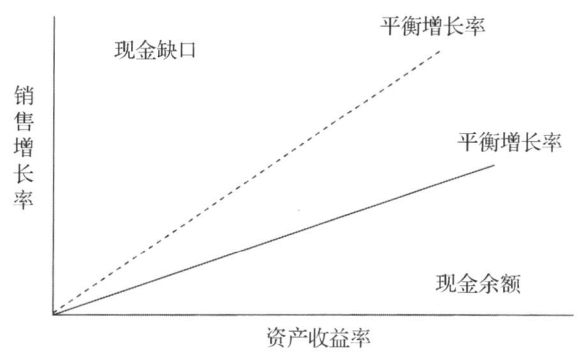

图3-3　可持续增长示意图

从可持续发展方程式来看，公司的股利分配与公司的可持续增长率呈现负相关关系。即现金股利支付的越多，公司的可持续增长率就越低。当公司处于成长期的时候，股东愿意减少现金股利，而将资金投入新的投资机会，因为股东相信投资机会会给他们未来带来更大的回报。

可持续增长模型强调公司明确的目标资本结构和目标股利政策，并且管理者不愿意或者不可能发行新股。因此，公司的可持续发展主要依靠内部积累进行。也就是说，公司的发展是在严格的自我约束下的发展。而事实上，公司的发展并不可能如可持续增长模型所示，有约束地进行。所以，公司发展中经常可能出现增长太快和增长太慢两种情况。与此同时，我们进一步放松可持续增长模型的假设条件，允许公司调整资本结构，允许公司发行新股，从而进一步揭示公司成长性与股利分配的关系。

3.3.2.2　过快增长

当企业的实际增长率超过可持续增长率的时候，企业增长就呈现过快增长的问题。过快增长是企业发展中经常碰到的问题。从企业生命周期理论来说，处于成长期的公司，快速增长是企业发展进程中的必须过程。在这种情况，我们就要分析公司快速增长的时期有多久。如果公司的发展还需一段较长的时间，那么现有的财务政策可能就不能支持企业稳定的现金流来保持这种增长。现金缺口在现有财务政策下，就会呈现常态化。在这种情况下，改变公司财务政策和经营战略就成为必要。如果公司的发展阶段逐渐接近成熟期，预测增长率在不远的将来极有可能会下降，则现在的快速增长只是一个过渡时期的问题，那么公司通过提高负债水平就可以解决资金短期缺口。因此，我们要结合公司的发展阶段判断公司增长是否是过快增长。

对于处于成长期的过快增长问题，企业通常采用如下策略来解决现金缺口：①发售新股；②提高财务杠杆；③减少股利支付率；④剥离资产；⑤提高售价；⑥寻找"现金流"公司进行合并。

同"现金牛"企业进行合并，虽然能够解决公司过快增长带来的现金缺口，但是原有股东有可能丧失对公司的控制权，管理者也有离职的危险，在公司财务能力不强的情况下，原有股东和管理者并不会采用。发展中的企业，还没有达到市场领导者的地位，因此，提高售价也不太可能解决企业的资金缺口。剥离资产是对原有发展的否定，需要公司股东和管理者有很大的勇气。因此，通过剥离资产解决资金缺口的方式是迫不得已的最后选择。如果能够发行新股，企业资金缺口问题就能迎刃而解。在我国，发行新股除了要求净资产收益率达到一定要求外，对公司的股利政策也有严格的规定。因此，要想达到增发的目的，企业所需的条件很多。如果公司在三年前就已经意识到以后公司发展资金会出现缺口，就不会等到三年后再做准备。因此，发行新股看起来很美，但用起来并不方便的一种策略。对企业而言，解决资金缺口最为实际而有效的方法就是调整资本结构和改变股利政策。股利政策的调整是企业利用起来最为方便而有效的一种方式。在发展出现资金缺口的情况下，公司减少现金股利，不但有利于企业提高留存收益，还能增加企业的负债，对企业而言是十分有利的。如果企业同时在调整资本结构，提高财务杠杆，企业资金缺口就可以得到快速解决。企业新的平衡增长就如图3－3一样可以形成。因此，股利分配是企业解决增长过快的一种迅速而有效的方法。

3.3.2.3 增长不足

当企业的可持续增长率超过实际增长率的时候，企业就呈现增长不足的问题。如果增长不足只是短暂的，管理层和股东只需要简单地继续积累资源以期待未来的增长即可。如果增长不足是长期的，公司首先应该判断这是行业性的还是企业自身的情形：如果是行业性的，公司就要考虑是否还要坚持；如果是企业自身的情形，公司就需要寻找增长不足的原因和新增长的可行渠道。因此，对于公司而言，可能采取的对策就包括：①忽略增长不足的问题，按照现有运行方式继续经营；②通过回购股票的方式将资金还给股东；③通过兼并和收购的方式，买入增长。买入增长就是企业实施多元化经营。从成功企业的发展经验来看，在大多数情况下，多元化经营不如回购股票对股东有利。因此，当公司出现增长不足的时候，对股东而言，回购股票是最为有力的。而回购股票也是股利分配的一种形式，尽管我国法律目前对股票回购具有明确的限制。

因此，企业的可持续发展与公司的股利分配也是密切相关的。

3.4 成长性、代理冲突与公司的股利分配

由于信息不对称和代理问题的客观存在，公司价值在资本市场中会受到公司分配意愿、分配形式和分配比例的影响。Easterbrook、Jensen、Zwiebel等学者所代表的传统股利代理理论认为：在股权分散的情况下，公司支付现金股利可以阻止管理者滥用自由现金流量，缓解投资的非效率，从而有利于减低管理者和外部股东的代理成本。而现代股利代理理论认为：在股权集中的情况下，控股股东对中小股东利益的侵占是代理冲突的主要表现形式。股利分配则满足或者反映了这种侵占程度。为了达到侵占或者掏空中小股东利益的目的，控股股东会选择不分配股利，从而留存更多的利润并将其投资到收益并不高的项目，甚至是一些亏损的项目上[124]。在中小投资者权益法律保护较弱的国家，特别是一些新兴市场经济国家[24]，集中的股权结构往往成为控股股东对中小股东利益进行侵害的"合法"但不"合理"的有利托词[48]。处于新兴市场经济下的上市公司往往面临高速成长的压力。规模扩张的动力将控股股东和管理者的利益紧紧地捆绑在一起，于是偏低的股利支付水平就在这些国家、企业中广为流行开来。这从一个方面印证了股利的结果模型假说[24]，即在中小股东权益保护较好的环境下，公司的股利支付水平一般较高。Brockman等认为基于债权人视角的股利政策选择结论支持替代假说[125]，即在中小股东权益保护不好的环境下，股利是较弱法律环境机制的替代。因此，代理冲突显著影响公司的股利分配。

股利分配不仅与代理冲突有关，还与公司的成长性息息相关。成长性是影响公司财务政策和公司价值的一个重要因素。在新兴市场经济发展中国家，市场化进程还不够发达，高速成长必然加剧市场竞争和投资风险。而不同的公司治理水平也会影响公司的股利分配。La Porta等认为，在中小股东权益保护较好的环境下，公司现金股利支付水平与公司成长性呈现更为显著的负相关关系[24]；并且，在公司治理机制相对完善的公司中，这种负相关关系也更为显著[95]。由于信息的不对称，公司外部融资的约束会增加，从而增加公司的融资成本[6]。如果公司的股利分配选择高股利支付水平，则公司的投资项目会更多地依赖外部融资。在资本市场不发达或者存在严重的信息不对称，高股利支付水平更可能导致公司外部融资成本的增加[58]。因此，高股利支付水平存在两种截然不同的效应：代理成本降低的正向效应和外部融资成本增加的负向效应。公司在进行股利分配的时候，就需要权衡这两种效应：在存在严重代理问题，而无外部融资约束的情况下，有效的公司治理可以提高股利支付水平；在外部融资约束严重，而公司治理机制相对完善的情况下，现金股利支付水平的降低有利于外部融资成本降低。股利支付降低代理成本的正向效应及其增加外部融资成本的负向效应都将受到公司成长性的影响。随着公司成长性的提高，有价值的投资机会会增加，自由现金流量会随着投资项目的实施而减少，控股股东与管理者盲目扩张的概率会降低，公司的代理冲突会得到一定的缓解。同时，随着公司成长性的提高，信息不对称性问题会越来越严重，其面临的外部融

资约束也就会更为严重。在公司成长性较高,且公司治理机制相对完善的情况下,公司选择低股利支付水平,以支持公司成长性投资机会的资金需求。因此,在进行股利分配决策的时候,公司对于代理问题与外部融资约束压力的权衡,就可能转化为对公司成长性环境的判断。所以,成长性问题就和公司股利分配决策紧紧地联系在一起。

综上所述,在研究公司股利分配决策时,我们将公司成长性、代理问题和股利分配相结合进行动态分析,更有利于解释公司的股利分配行为。加之,我国实行半强制性分红政策,上市公司为了保留今后增发配股的资格,股利分配决策也会受到该政策的影响。那么,半强制性分红政策又和公司的成长性与代理问题具有怎样的关系?这也是本书希望揭示的问题。

4 上市公司股利分配类型的基本特征

我国股票市场自从20世纪90年代成立以来，已经历了近30年的发展。随着我国经济形势的不断变化和宏观经济政策的调整，上市公司股利分配呈现出不同的特点。为了从整体上把握我国上市公司股利分配的情况，本章将对我国股票市场成立以来股利分配情况进行描述性统计分析，归纳总结上市公司股利分配的变化趋势和基本特征。本章样本数据的时间分布为1991～2010年。样本对象是沪深A股上市公司。样本数据对象为公司的股利分配。

4.1 样本说明

本章选取在上海证券交易所与和深圳证券交易所上市的所有A股公司为样本。由于金融行业（含房地产）和公用事业类公司具有特殊的行业特征，因此，研究样本不包括金融行业（含房地产）和公用事业类公司。由于金融行业（含房地产）和公用事业类公司数量并不多，故剔除这些公司后不会对本章研究结论造成较大影响。本书的样本数据来自中国股票市场研究数据库（CSMAR）。由于2003年开始实施的10类行业划分与2001年证监会的13类行业分类有所不同，本书参考沪深两市统计年鉴，通过比较分析，将2003年以前的行业资料，按照2003年10类划分标准进行了调整。扣除金融类（含房地产）和公用事业类公司后，本书研究样本涉及8个行业，即能源、原材料、工业、可选消费、主要消费、健康护理、信息技术和电信。

本章所说股利分配包括现金股利、股票股利和转增股分配。凡是采用以上三种方式之一或者三种方式组合进行分配的公司均属于实施了股利分配的公司。反之，则属于不分配公司。由于样本数据中大量公司采用了中期分红，无论公司是采用中期股利分配还是年末股利分配，或者既采用中期股利分配又采用股利年末分配，本章均视同为当年进行了股利分配。对于实施中期股利分配的公司，本章在计算公司当年股利分配数量的时候，将公司中期股利分配数量和年末股利分配数量加和确定为公司当年股利分配的数量，并且按照现金股利、股票股利和转增资本分别进行汇总统计。

4.2 上市公司分配意愿的统计分析

为了全面反映上市公司的分配意愿，本章将1991～2010年沪深A股不包括金融行业（含房地产）和公用事业类公司历年分配情况进行统计。表4-1、表4-2是1991~2010年沪深A股不包括金融行业（含房地产）和公用事业类公司历年是否分配的统计表。表4-1是沪深A股1991~2010年分配意愿统计表，表4-2是沪深A股1991~2010年是否分配统计表。根据表4-1、表4-2中1991~2010年样本公司数目、分配公司数和不分配公司数绘制图4-1，即1991~2010年沪深A股上市公司分配情况的趋势变化。

表4-1 沪深A股1991~2010年分配意愿统计表

年份	1991~1999	2000~2010	2000~2005	2006~2007	2008~2010
样本数/家	3 460	13 793	6 637	2 577	4 579
分配公司数/家	2 070	8 161	3 891	1 442	2 828
不分配比例/%	40	41	41	44	38
分配比率/%	60	59	59	56	62

表4-2 沪深A股1991~2010年是否分配统计表

年份	1991	1992	1993	1994	1995	1996	1997	1998	1999	2000
样本数/家	10	47	152	250	272	460	658	759	852	978
分配公司数/家	9	41	142	231	213	341	350	366	377	651
不分配比例/%	10	13	7	8	22	26	47	52	56	33
分配比率/%	90	87	93	92	78	74	53	48	44	67
年份	2001	2002	2003	2004	2005	2006	2007	2008	2009	2010
样本数/家	1 045	1 085	1 123	1 205	1 201	1 248	1 329	1 370	1 437	1 772
分配公司数/家	662	591	576	666	745	662	780	773	867	1 188
不分配比例/%	37	46	49	45	38	47	41	44	40	33
分配比率/%	63	54	51	55	62	53	59	56	60	67

4.2.1 上市公司分配意愿的趋势变化

4.2.1.1 不分配上市公司规模逐年增加，2000年后不分配上市公司规模增加趋势放缓

图4-1显示，1991~2010年期间随着沪深A股上市公司规模的扩大，不分配上市公司数也呈现逐年增加的趋势。1996年以前，即股票市场扩容以前，上市公司不分配比例很低。1991~1994年不分配比例在10%左右（表4-2），1995年不分配比例增加到22%，1996年达到26%。1997上市公司不分配公司数急速增加到308家，不分配上市公司的比率达到47%。1998年、1999年不分配情况持续扩大，并且出现不分配上市

公司的数量超过分配上市公司的数量。1998年不分配上市公司393家，分配上市公司366家，不分配上市公司数首次超过分配上市公司数，不分配上市公司的比例达到52%。1999年这种趋势依然延续并且还有加大的趋势。1999年不分配上市公司达到475家，分配公司377家，不分配上市公司所占比例高达56%。随着证监会将现金分配与再融资条件审查相结合，上市公司不分配情况有所缓解。2000年不分配上市公司不分配数大幅下降，分配上市公司达到651家，不分配数为327家，不分配上市公司的比例迅速下降，达到33%。不分配趋势得到有效遏制。这也从侧面说明股票市场是上市公司融资的主要方式。2000年以后，不分配上市公司规模缓慢增加。2001~2003年不分配上市公司从383家上升到547家。2004年不分配上市公司数有所下降，达到539家。2005年不分配上市公司数量持续下降，达到456家。经历2年短暂的下降趋势变化以后，2006~2010年，不分配上市公司数量呈现波动变化的特点：2006年、2008年和2010年不分配上市公司数量分别比其上年呈现小幅上升。尽管2007年和2009年比其前年有所下降，但2009年不分配上市公司数量比2007年不分配上市公司数量呈现小幅上升。因此，1991~2010年沪深A股不分配上市公司的数量逐年增加，但2000年以后上市公司不分配数量增加趋势放缓，并且2003~2010年，不分配上市公司的数量呈现明显的波动变化趋势。也就是说，2003~2010年以后沪深A股不分配意愿呈现出某些稳定变化的趋势。

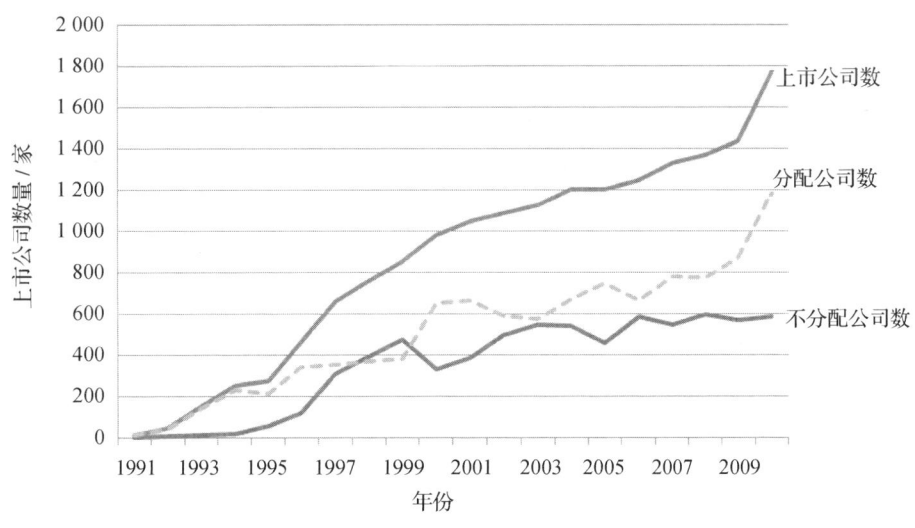

图4-1 1991~2010年沪深A股分配情况趋势变化图

4.2.1.2 不分配上市公司占比呈现逐步下降的变化趋势

本书根据表4-1、表4-2统计资料，绘制1991~2010年沪深A股不分配上市公司占样本公司的比例（以下简称不分配上市公司占比）变化趋势（图4-2）。1991~1992年不分配上市公司占比呈现小幅增加。尽管1993年不分配上市公司占比较1992年呈现小幅回落，但是1993~1999年不分配上市公司占比呈现持续、显著的增加。

1998~1999年不分配上市公司占比达到历史高点52%和56%（表4-2）。2000年不分配上市公司占比呈现显著下降，不分配上市公司占比回落到33%。该比率也是2000年以来的最低点（2010年不分配上市公司占比也是33%）。2000年以来不分配上市公司占比呈现波动变化趋势：2000~2003年不分配上市公司占比呈现持续上升的变化趋势中，相近2年的最大增幅有9个百分点；2003~2005年不分配上市公司占比呈现下降变化，相近2年的最大减幅达到7个百分点；2005~2008年波动速度加快，呈现上升、下降、上升、下降的持续波动，最大增幅达到9个百分点，最小减幅有6个百分点。2008~2010年不分配上市公司占比呈现连续下降。显然，2000年以来，不分配上市公司占比整体处于下降变化趋势，呈现明显的波动变化趋势，但每次波动高点呈现逐步下降趋势。即2003年、2006年和2008年不分配上市公司占比分别为49%、47%和44%。值得注意的是2010年不分配上市公司占比33%，尽管该比例比2009年不分配上市公司占比下降7个百分点，但2010年不分配上市公司占比并未突破2000年33%的最低值。因此，1991~2010年沪深A股不分配意愿变化呈现明显的阶段变化特征。2000年以前几乎是单边上升的变化趋势。而2000年以来，呈现波动变化，并且2000年以来总体不分配上市公司占比没有超过1998和1999年的历史高点。这表明2000年以来，上市公司大面积不分配趋势得到有效控制。2000年以来不分配上市公司占比整体呈现下降变化趋势，但下降幅度有限。因此，2000年以来不分配上市占比总体变化较为平稳，即2000~2010年上市公司不分配意愿在一定程度上呈现出稳定变化的特点。

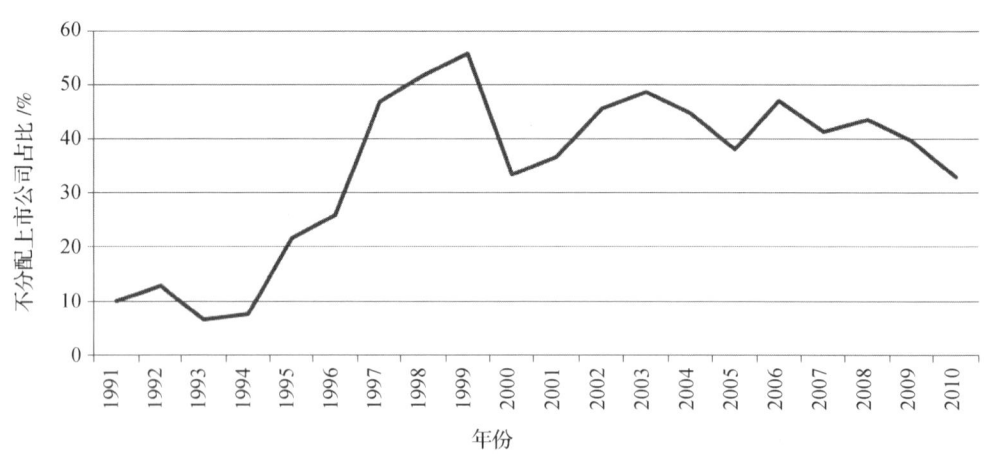

图4-2 1991~2010年沪深A股不分配上市公司占比变化趋势图

4.2.1.3 分阶段不分配上市公司占比例变化增加

从不分配公司数量和不分配上市公司占比趋势变化来看，1991~2010年沪深A股上市公司不分配意愿变化趋于稳定。但是，根据证监会有关股利分配法律规定的时间，重新统计不分配上市公司占比，1991~2010年沪深A股上市公司不分配意愿的变化却是十分明显的。证监会关于上市公司股利分配的主要文件有三个：第一文件是2001年将公司股利分配与再融资条件相结合；第二个文件是2006规定半强制性分红比例

20%；第三个文件是2008年规定半强制性分红比例提高到30%。于是，本书选取2000年、2006年和2008年三个时间点，分别统计1991～1999年、2000～2005年、2006～2007年和2008～2010年四个时期内，不分配公司占比的平均数（即时期内不分配上市公司数量总和除以同一时期内样本上市公司总和），即得到表4-1中分阶段统计结果。本书根据阶段不分配上市公司占比平均数统计资料，绘制阶段不分配上市公司占比平均数的变化趋势（图4-3）。显然，随着证监会半强制性分红规定的实施，上市公司不分配占比平均数趋势变化增加。1991～1999年不分配上市公司占比平均数为40%。2000～2005年不分配上市公司占比平均数为41%，较前期增加1个百分点。显然，2000年实施的制度起到了良好的制约效果。随着20%半强制性分红比例的实施，2006～2007年不分配上市公司占比并没有下降，反而增加了3个百分点，达到44%。2008年30%半强制性分红规定的实施后，2008～2010年不分配上市公司占比出现大幅下降，减低到38%，下降幅度达到5个百分点，不分配上市公司占比平均数呈现历史新低。这说明30%半强制性分红规定的实施产生了明显的作用。因此，随着制度的变化，阶段不分配上市公司占比平均数出现较大的波动，而非平稳变化的趋势。这一数据结果也揭示了我国学者利用不同区间数据进行股利政策稳定性研究结果大相径庭的部分原因。

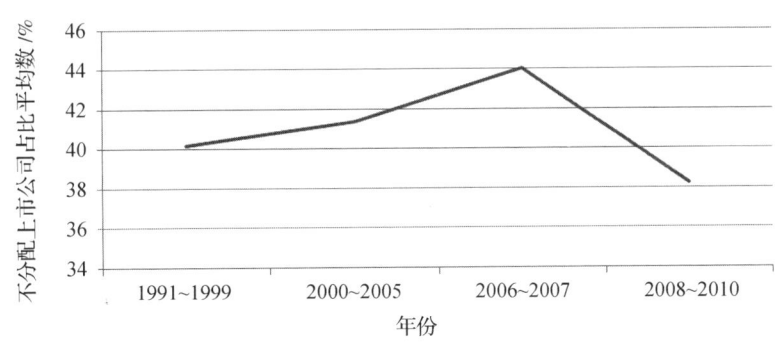

图4-3 分阶段不分配上市公司占比平均数变化趋势图

4.2.2 上市公司现金股利分配意愿的趋势分析

由于是否分配的标准中包括了非现金股利分配方式，因此，以上分配上市公司占比包括了非现金分配的形式。而证监会的股利分配规定，大多数是围绕是否有现金股利分配为标准。为此，本书扣除非现金分配形式，仅以是否采用现金分配为标准，统计分析无现金分配上市公司占比（无现金分配公司数目与样本公司数目之比）的变化趋势：首先，根据1991～2010年样本数据，统计分析历年上市公司股利分配形式，得到沪深A股1991～2010年股利分配形式统计（表4-3）；其次，根据表4-3中现金分配公司数、无现金分配公司数和上市公司样本数，绘制1991～2010年无现金分配、现金分配上市公司的趋势变化（图4-4）。与不分配公司趋势变化（图4-1）相类似，2000年是无现金分配、现金分配上市公司的趋势变化分界点，1991～1999年无现金分配上市公司规模呈现快速增加的态势，特别是1996～1999年无现金分配上市公司规模超过了现金分配上市公司的规模。其中：1996年无现金分配公司数（321）超现金分配公司数（139）182家，超过1.31倍；1997年无现金分配公司数（479）超现金分配公司数（179）300家，超过1.68倍多；1998年无现金分配公司数（536）超现金分配公司数（223）313家，超过1.4倍多；1999年无现金分配公司数（580）超现金分配公司数（272）308家，超过1.13倍。2000年无现金分配上市公司数量显著下降。但下降趋势仅仅维持了1年，无现金分配上市公司规模又呈现上升趋势。而2003年以来，无现金分配上市公司基本维持在600家的规模。无现金分配上市公司规模呈现一定的稳定性。

表4-3 1991~2010年沪深A股股利分配形式统计表

年份	1991~1999	2000~2010	2000~2005	2006~2007	2008~2010	1991	1992	1993	1994	1995	1996
样本数/家	3 460	13 793	6 637	2 577	4 579	10	47	152	250	272	460
分配公司数/家	2 070	8 161	3 891	1 442	2 828	9	41	142	231	213	341
单纯派现公司数/家	822	5 367	2 698	894	1775	1	19	24	104	88	79
单纯股票股利公司数/家	339	43	20	18	5	7	14	42	42	58	73
单纯资本公积金转增/家	142	588	302	135	151	0	0	1	0	0	37
派现+股票股利/家	263	318	130	70	118	1	5	60	80	58	21
现金+资本公积金/家	86	1 305	467	206	632	0	0	2	1	2	25
股票股利+转增/家	316	45	31	10	4	0	1	5	0	5	92
现金+股票股利+资本公积金/家	102	495	243	109	143	0	2	8	4	1	14
合计/家	2 070	8 161	3 891	1 442	2 828	9	41	142	231	213	341
各形式占分配公司的百分比											
单纯派现/%	39.7	65.8	69.3	62	62.8	11.1	46.3	16.9	44.6	41.3	23.2
单纯股票股利/%	16.4	0.5	0.5	1.2	0.2	77.8	34.1	29.6	18.6	27.2	21.4
单纯资本公积金转增/%	6.9	7.2	7.8	9.3	5.3	0	0	0.7	0	0.5	10.9
派现+股票股利/%	12.7	3.9	3.3	4.9	4.2	11.1	12.2	42.3	34.6	27.2	6.2
现金+资本公积金转增/%	4.2	16	12	14.3	22.3	0	0	1.4	0.4	0.9	7.3
股票股利+资本公积金转增/%	15.3	0.6	0.8	0.7	0.1	0	2.4	3.5	0	2.3	30
现金+股票股利+资本公积金转增/%	4.9	6.1	6.2	7.6	5.1	0	4.9	5.6	1.7	0.5	4.1

4 上市公司股利分配类型的基本特征

续表

年份	1997	1998	1999	2000	2001	2002	2003	2004	2005	2006	2007	2008	2009	2010
样本数/家	658	759	852	978	1 045	1 085	1 123	1 205	1 201	1 248	1 329	1 370	1 437	1 772
分配公司数/家	350	366	377	651	662	591	576	666	745	662	780	773	867	1 188
单纯派现公司数/家	130	163	214	472	510	454	383	493	386	470	424	547	566	663
单纯股票股利公司数/家	47	33	23	4	8	0	2	4	2	10	8	1	4	0
单纯资本公积金转增/家	39	28	36	19	13	29	33	18	190	44	91	39	48	64
派现+股票股利/家	17	9	12	24	31	19	22	15	19	32	38	29	42	46
现金+资本公积金/家	20	20	17	54	52	51	80	107	123	69	137	114	161	357
股票股利+转增/家	85	82	46	9	4	5	8	2	3	5	5	2	2	0
现金+股票股利+资本公积金/家	12	31	29	69	44	33	48	27	22	32	77	41	44	58
合计/家	350	366	377	651	662	591	576	666	745	662	780	773	867	1 188
各形式占分配公司的百分比														
单纯派现/%	37.1	44.5	56.8	72.5	77	76.8	66.5	74	51.8	71	54.4	70.6	65.3	55.8
单纯股票股利/%	13.4	9	6.1	0.6	1.2	0	0.3	0.6	0.3	1.5	1	0.1	0.5	0
单纯资本公积金转增/%	11.1	7.7	9.5	2.9	1.9	4.9	5.7	2.7	25.5	6.6	11.7	5	5.5	5.4
派现+股票股利/%	4.9	2.5	3.2	3.7	4.7	3.2	3.8	2.3	2.6	4.8	4.9	3.9	4.8	3.9
现金+资本公积金转增/%	5.7	5.5	4.5	8.3	7.9	8.6	13.9	16.1	16.5	10.4	17.6	14.7	18.6	30.1
股票股利+资本公积金转增/%	24.3	22.4	12.2	1.4	0.6	0.8	1.4	0.3	0.4	0.6	0.6	0.3	0.2	0
现金+股票股利+资本公积金转增/%	3.4	8.5	7.7	10.6	6.6	5.6	8.3	4.1	3	4.8	9.9	5.3	5.1	4.9

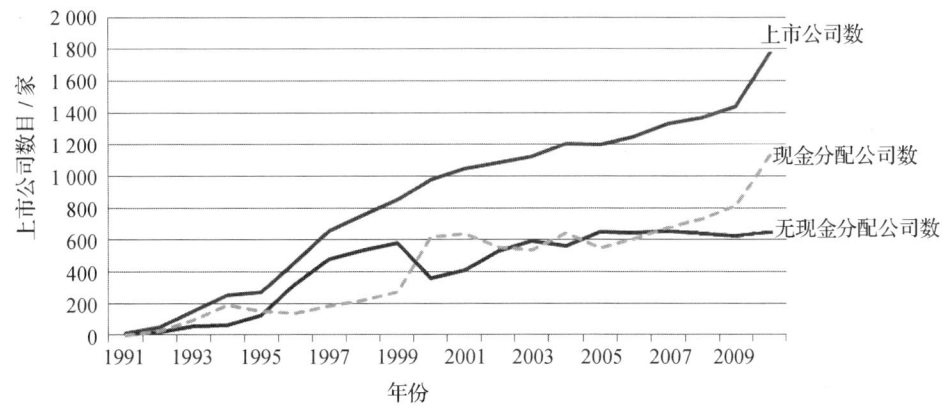

图4-4 无现金分配、现金分配上市公司变化趋势图

4.2.3 上市公司连续3年无现金分配意愿公司占比的趋势分析

结合股利分配制度3年一个考核期的规定,为了进一步分析无现金分配公司的变化特点,本书将连续3年无现金分配公司分为三种:①上市以来从不分配公司;②连续3

年不分配公司。③连续3年有分配，但无现金分配的公司。本书对连续3年无现金分配公司规模和连续3年无现金分配公司占比（无现金分配公司数量与不分配公司数量之比）进行统计，得到沪深A股1991~2010年连续3年无现金分配统计（表4-4），并根据表4-4，绘制1991~2010年连续3年无现金分配上市公司趋势图（图4-5）。

表4-4　沪深A股1991~2010年连续3年无现金分配统计表

年份	1991~1999	2000~2010	1991	1992	1993	1994	1995	1996	1997	1998	1999
上市公司数目统计											
上市公司数/家	3 460	10 584	10	47	152	250	272	460	658	759	852
不分配公司数/家	1 390	4 478	1	6	10	19	59	119	308	393	475
不分配公司中连续3年无现金分配数目统计											
从不分配公司/家	183	125	1	6	10	0	1	21	54	45	45
以前分配过公司/家	1 207	4 353	0	0	0	19	58	98	254	348	430
其中：连续3年未分配公司/家	208	2 222	0	0	0	0	0	2	26	53	127
连续3年有分配公司/家	999	2 131	0	0	0	19	58	96	228	295	303
其中：连续3年有分配但无现金分配公司/家	490	535	0	0	0	6	13	30	123	166	152
连续3年无现金分配公司合计/家	881	2 882	1	6	10	6	14	53	203	264	324
连续3年无现金分配公司占不分配公司的百分比											
从不分配公司/%	13.2	2.8	1	1	1	0	1.7	17.6	17.5	11.5	9.5
连续3年未分配公司/%	15	50	0	0	0	0	0	1.7	8.4	13.5	26.7
连续3年有分配但无现金分配公司/%	35.3	11.9	0	0	0	31.6	22	25.2	40	42.2	32
连续3年无现金分配公司占不分配公司/%	63.4	64.4	1	1	1	31.6	23.7	44.5	66	67.2	68.2
沪市连续3年无现金分配占不分配的百分比/%	62.4	63.5	1	1	1	35.7	33.3	40.3	61.8	63.4	70.9
深市主板连续3年无现金分配占不分配的百分比/%	64.4	69.4	0	0	0	20	13.8	49.1	69.9	71.2	65.6
连续3年无现金分配公司占不分配公司的百分比											
深市中小板连续3年无现金分配占不分配的百分比/%		37.6									
深市创业板连续3年无现金分配占不分配的百分比/%		75									

续表

年份	2000	2001	2002	2003	2004	2005	2006	2007	2008	2009	2010
上市公司数目统计											
上市公司数/家	978	1 045	1 085	1 123	1 205	1 201	1 248	1 329	1 370	1 437	1 772
不分配公司数/家	327	383	494	547	539	456	586	549	597	570	584
不分配公司中连续3年无现金分配数目统计											
从不分配公司/家	20	15	12	15	11	8	13	14	17	16	32
以前分过/家	307	368	482	532	528	448	573	535	580	554	552
其中：连续3年未分配公司/家	156	173	179	257	331	276	270	250	330	309	339
连续3年有分配公司/家	151	195	303	275	197	172	303	285	250	245	213
其中：连续3年有分配但无现金分配公司/家	52	31	20	24	30	18	142	152	66	55	28
连续3年无现金分配公司合计/家	228	219	211	296	372	302	425	416	413	380	399
连续3年无现金分配公司占不分配公司的百分比											
从不分配公司/%	6.1	3.9	2.4	2.7	2	1.8	2.2	2.6	2.8	2.8	5.5
连续3年未分配公司/%	47.7	45.2	36.2	47	61.4	60.5	46.1	45.5	55.3	54.2	58
连续3年有分配但无现金分配公司/%	15.9	8.1	4	43.9	5.6	3.9	24.2	27.7	11.1	9.6	4.8
连续3年无现金分配公司占不分配公司/%	69.7	57.2	42.7	54.1	69	66.2	72.5	75.8	69.2	66.7	68.3
沪市连续3年无现金分配占不分配的百分比/%	76.7	58.6	41.1	50.3	64	60.7	67.8	75	67.7	66.2	69.5
深市主板连续3年无现金分配占不分配的百分比/%	64.1	55.8	44.3	58.3	74.7	73.4	82.4	82	77.7	75.8	77.4
深市中小板连续3年无现金分配占不分配的百分比/%						0	0	26.3	35.7	39.1	38.3	40
深市创业板连续3年无现金分配占不分配的百分比/%										1	72.7

表4-4显示：2000～2010年连续3年无现金分配占不分配公司的比例（64.4%）比1991～1999年连续3年无现金分配占不分配公司的比例（63.4%）增长1%。尽管只有1%的增长，但是股利决策变化却是明显的。首先，上市以来从不分配公司比例从13.2%下降到2.8%，下降幅度接近10%。其次，连续3年不分配公司比例从15%上升到50%。第三，连续3年有分配但无现金分配的公司比例从35.2%下降到11.9%，下降了24.3%。显然，上市公司在制定股利政策的时候，如果准备实施分配，还是以现金分配方式为主，因为现金分配可以保留公司的配股权。尽管增发配股在中国资本市场

上具有很大的吸引力，但是 2000～2010 年每年平均仍有 27%（2882/10584）的公司丧失了这一配股权利。沪市 A 股连续 3 年无现金分配公司比例比深圳主板连续 3 年无现金分配公司比例要略低 2～6 个百分点。深圳中小板市场连续 3 年无现金分配占比只有 37.6%。深圳创业板市场由于上市时间不长，虽未达到 3 年的时间，但是仅仅上市 2 年，已经出现连续不分配的情况，并且在连续不分配公司中有 75% 的公司呈现连续无现金分配。

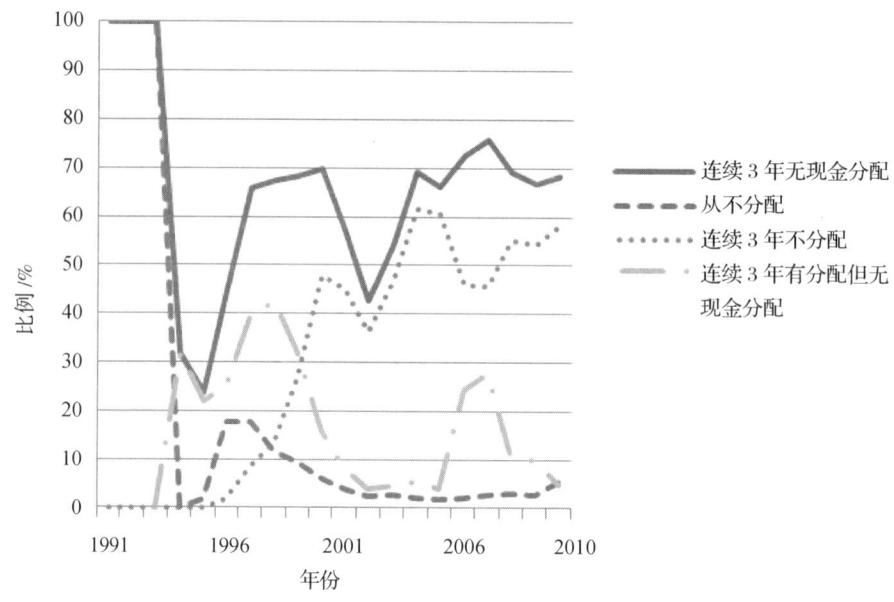

图 4-5 1991～2010 年连续 3 年无现金分配上市公司趋势图

图 4-5 更直观地反映出上市连续 3 年无现金分配公司占比的趋势变化。1991～1999 年连续 3 年无现金分配公司比例基本上呈现单边上升的变化趋势，并且从 1995 年的 22% 到 1999 年的 59%，短短的 5 年时间里，连续 3 年无现金分配公司所占比例增加了 1.68 倍。之后，在 2002 年该比例大幅度下降到 40%。但仅仅维持了 1 年。2003～2010 年连续 3 年无现金分配公司比例又恢复逐步增加的变化趋势中，并且该比例一直保持在 60%～70% 的较高水平。以下三方面因素导致连续 3 年无现金分配公司所占比例较高：第一，连续 3 年不分配公司比例在逐年提高。1994～2005 年十年间连续 3 年不分配公司所占比例呈现明显的阶梯式抬升。2005 年该比例到达历史最高点 61%。之后，2006～2010 年该比例一直在高位震荡，近年来，基本在 60% 附近徘徊。第二，连续 3 年有分配但无现金分配公司的比例波动较大。虽然整体处于逐步下降的变化趋势之中，但是 2006 年、2007 年该比例有较大增加，分别达到 24% 和 28%。这在一定程度上平滑了连续 3 年不分配公司占比。第三，从不分配公司比例有提升的苗头。随着中小板和创业的上市，沪深股市规模不断加大，选择从不分配方式公司的数量和比例都有所增加。也就是说，在不断出现的新股中不乏以"圈钱"为目的的"上市"。创业板上市公司退市机制的实施将对从不分配方式产生影响。因此，从连续 3 年无现金分配趋势来看，在不分配公司中，持续不分配公司呈现出较高比例且稳定变化的特点。

4.2.4 上市公司分配意愿的制度解释

从上市公司是否分配的统计数据来看，证监会股利分配制度对于 1991～2010 年沪深 A 股是否分配决策具有一定的影响作用。2000 年再融资条件对于上市公司股利分配的影响是比较明显的。股票市场成立之初，上市公司十分依赖股票市场的融资功能。因此，当 2001 年股利分配与再融资条件相结合的时候，为了保留配股资格，上市公司积极地进行了股利分配。这也是 2000 年成为是否分配决策转折点的根本原因。虽然 2006 年、2008 年半强制性分红制度试图进一步稳定公司是否分配的决策，但从分阶段不分配公司占比来看，2008 年后公司不分配决策波动加大了。这可能是由于 2008 年证监会加大分红比例，导致一些公司股利分配财务决策的调整，从而导致公司分配意愿占比发生变化。这说明 2006 年、2008 年的半强制性分红在一定程度上影响了公司是否分配决策的连续性。而连续 3 年无现金分配公司占比增加，意味着在不分配公司中，大部分公司已经丧失了进一步配股增发的资格。而我国上市公司历来十分依赖股票市场的融资功能，这些不分配上市公司为什么放弃配股资格？这是由于上市公司不再喜好配股增发，还是公司实在无力达到配股条件呢？这需要我们进行进一步的分析与研究。

4.3 上市公司分配形式与支付水平的统计分析

本节将从两个方面来分析上市公司股利分配情况：一是股利分配形式；二是股利支付率的大小。根据股利分配理论，现阶段我国上市公司的主要分配形式为现金股利、股票股利和资本公积金转增股本三种基本类型。根据股利的三种基本形式，上市公司的股利分配有如下几种形式：①单纯现金股利；②单纯股票股利；③单纯资本公积金转增股本；④现金股利与股票股利的组合；⑤现金股利与资本公积金转增股本组合；⑥股票股利与资本公积金转增的组合；⑦现金股利、股票股利和资本公积金转增组合。从统计资料来看，这七种股利分配形式在我国上市公司均被采用。股利支付率的计算方式采用第 2 章的定义公式。对于既有中期股利分配，又有年末股利分配的公司，将两者数据加和确定为公司当年的股利支付率。严格来说，当公司股本发生变化的时候，这样确定的年股利支付率并不完全准确。考虑到两者的差距不大，因此，本书仍然采用简单加和的方式确定公司年股利支付率。

4.3.1 上市公司分配形式的分析

首先，根据股利分配的七种形式，本书对 1991～2010 年样本公司按年归类统计每种形式的公司数；其次，根据股利分配制度实施的不同窗口时间分阶段汇总统计各种分配形式下的公司数目；最后，按年份、分阶段分别计算各种分配形式占分配公司的比例。根据以上统计步骤，得到 1991～2010 年沪深 A 股股利分配形式统计表（表 4-3）。

4.3.1.1 现金股利是股利分配的主要形式，资本公积金转增形式逐渐增多

比较 1991～1999 年和 2000～2010 年分配形式来看，股利分配形式有如下一些特点：

①单纯现金股利分配一直是企业采用的主要分配形式。1991～1999 年单纯现金分配比例为 40%，2000～2010 年单纯现金分配比例为 65.8%，2000～2010 年单纯现金分配比例显著增长。

②单纯股票股利、现金股利和股票股利的组合形式以及股票股利和资本公积金转增的组合分配形式也呈现显著减少趋势。2000～2010 年单纯股票股利以及股票股利和资本公积金转增的组合分配形式占比分别仅有 0.7% 和 0.6%，均不足 1%。现金股利和股票股利的组合形式占比从 1991～1999 年 12.7% 下降到 2000～2010 年 3.9%。

③单纯资本公积金转增形式在 1991～1999 年和 2000～2010 年两个时期的分配形式占比保持不变，均为 7%。

④现金和资本公积金转增的组合分配形式呈现较快地增长。1991～1999 年现金和资本公积金转增组合分配形式仅占 4.2%，而在 2000～2010 年该组合已经占到分配形式中的 16%，成为仅次于单纯现金股利支付形式以外，占比最高的一种分配形式。

进一步比较 2000～2005 年、2006～2007 年以及 2008～2010 年各种分配形式的特点：

①单纯现金分配的比例有所下降。在无强制性分红的情况下，单纯派现公司占分配公司的比例达到 69.3%，而在半强制性分红的情况下，2006～2007 年、2008～2010 年的单纯派现公司占比分别为 62% 和 62.8%。

②单纯股票股利和转增股比例波动较大。这种分配形式呈现先升后降的明显变化。2006～2007 年单纯股票股利和单纯转增股比例较 2000～2005 年分别增加 0.7% 和 1.5%；随后，两者就分别下降 1% 和 4%。

③现金股利和股票股利的组合以及现金股利、股票股利和转增股的组合比例也呈现波动变化，但比单纯股票股利以及转增股的比例波动要小。

④现金股利和转增股组合的比例明显增加，在三个区间占比分别达到 12%、14.2%、22.3%。

⑤股票股利和转增股的组合呈现单边下降趋势，2008～2010 年占比只有 0.1%。

以上数据说明 2000 年以来，资本公积金转增已经成为仅次于现金分配形式以外的主要分配形式。现金股利、股票股利和资本公积金转增的混合形式占比增加，这也进一步佐证了资本公积金转增分配形式在 2000～2010 年上市公司股利决策中的地位在上升。而股票股利的分配形式逐渐被上市公司所放弃。

4.3.1.2 上市公司股利分配形式渐趋稳定

图 4-6 是 1991～2010 年上市公司分配比例与现金分配比例的趋势变化图。2000 年前现金分配比例明显低于上市公司分配比例，说明在 1991～1999 年，相当多的公司采用单纯股票股利、单纯资本公积转增或者股票股利与资本公积金转增这三种非现金分配方式。2000 年股利分配形式呈现明显改变。现金股利分配成为绝对主导。2000～

2004年一直保持这一特点。特别是2004年分配比例与现金分配比例相差最小，只有不到2%的差异。2005年差距突然扩大到16.2%，之后分配比例与现金分配比例的差距经历了降低、上升、下降的变化，2009和2010年两者差异保持在3.7%左右。也就是说，2009年开始，上市公司采用送股和转股的比例保持在一个较为稳定的变化趋势中。上市公司股利分配形式渐趋稳定。

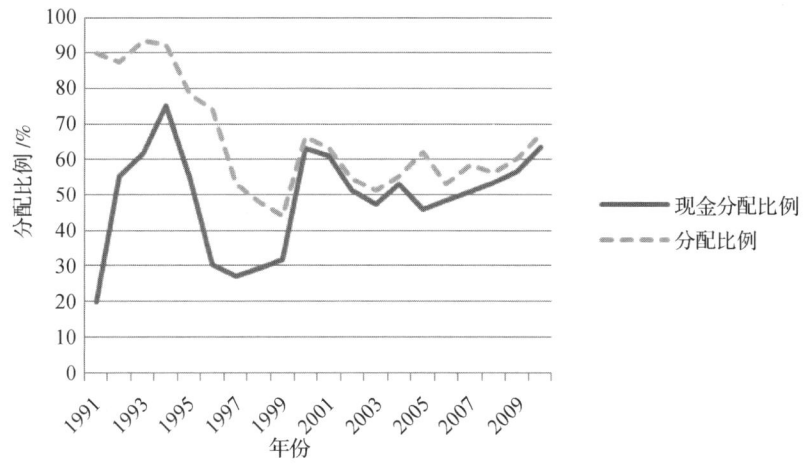

图4-6　1991~2010年上市公司分配比例与现金分配比例的趋势图

上市公司股利分配的稳定性和新上市公司选择股利分配形式的选择有很大的关系。图4-7是1991~2010年来新上市公司分配比例与现金股利分配形式的趋势比较。与样本公司的情况相类似，2000年以前新上市公司现金分配比例明显低于新上市公司的分配比例。也就是说，单纯股票股利、单纯资本公积金转增以及两者结合方式在新上市公司股利分配方案中占有一定的比例。而2000年后，新上市公司股利分配形式发生巨大的改变。2000~2005年，新上市公司实施分配的股利方案中都有现金。2006~2010年分配比例与现金分配比例之间大约有3%的差异，即在2006~2010年送股和转股或者送转相结合的分配方案在新上市公司中呈现比较稳定的比例。新上市公司广泛采用了现金股利分配形式，这使得上市公司股利分配形式也渐趋稳定。

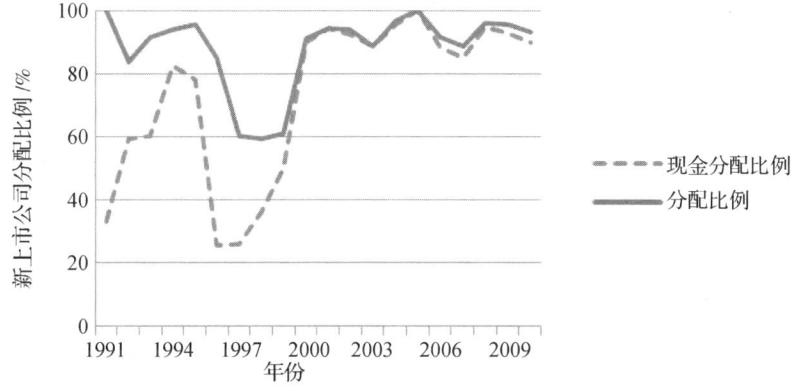

图4-7　1991~2010年新上市公司分配比例与现金分配比例的趋势图

4.3.2 上市公司现金股利支付水平的分析

根据第 2 章股利支付水平的定义,下文将从每股股利和股利支付率两个方面研究现金股利的支付水平。由于样本数据资料来自中国股票市场研究数据库(CSMAR),该数据库没有提供 1994 年以前股利分配的资料,所以,本部分样本数据从 1994 年开始,截至 2010 年。

4.3.2.1 每股股利(现金股利)呈现 W 形变化趋势,但总体波动不大

表 4-5、图 4-8 和图 4-9 是 1994~2010 年沪深 A 股上市公司每股现金股利的描述性统计。表 4-5 是 1994~2010 年沪深 A 股现金股利的描述性统计结果。除了 1995 年外,1994~2010 年众数均为 0.1。1994~2010 年中值基本在 0.10~0.15 间波动,均值集中在 0.13~0.16 间波动。众数、中值和均值的变化比较平稳,这说明 1994~2010 年样本数据的波动不大。每股股利(现金股利)支付呈现一定的稳定性。本书根据表 4-5 数据,绘制得到 1994~2010 年现金股利的均值、中值和众数的趋势变化图(图 4-8)。众数除了在 1995 年有一突增外,基本是一条直线。均值和中值的变化基本一致:1994~1996 年现金股利呈现下降变化,1997~1998 年转为上升,1999~2001 年又转为下降,并且下降低点超过了 1994~1996 年的最低点。2002~2007 年现金股利出现持续上升,2008 年每股股利呈现短暂小幅下降后,2009~2010 年每股股利继续保持上升趋势,并且 2010 年每股股利与 1994 年的最高值基本保持一致。均值和众数都呈现 W 形的变化特征。本书根据 1994~2010 年每股现金股利的四分位数资料绘制得到 1994~2010 年每股股利四分位数趋势变化图(图 4-9)。图 4-9 更清晰地呈现出每股现金股利的 W 形变化趋势。四分位图显示 2001~2009 年 25% 样本数据的每股股利在 0.06 元以下,50% 样本数据的每股股利在 0.1 元以下;2003~2009 年 75% 样本数据的每股股利在 0.20 元以下。四分位图显示 2010 年每股股利较 2003~2009 年出现明显增长。因此,从每股股利描述性统计结果来看,每股股利呈现 W 形的变化特征,目前正处于增加变化趋势之中,但总体变化并不大。每股现金股利具有一定的稳定性。

表 4-5 1994~2010 年沪深 A 股每股现金股利描述性统计

年份	均值 /(元·股$^{-1}$)	中值 /(元·股$^{-1}$)	众数 /(元·股$^{-1}$)	标准差 /(元·股$^{-1}$)	极小值 /(元·股$^{-1}$)	极大值 /(元·股$^{-1}$)	公司数 /家
1994	0.204 913	0.150	0.1	0.215 726	0.014	2.20	188
1995	0.163 678	0.130	0.2	0.126 328	0.010	0.72	149
1996	0.163 128	0.120	0.1	0.134 835	0.010	1.00	139
1997	0.183 942	0.150	0.1	0.132 262	0.010	0.74	179
1998	0.183 828	0.150	0.1	0.139 579	0.010	1.25	223
1999	0.159 991	0.125	0.1	0.105 095	0.010	0.70	272
2000	0.134 079	0.100	0.1	0.093 481	0.010	0.70	619
2001	0.122 247	0.100	0.1	0.104 981	0.010	1.10	637

续表

年份	均值/(元·股⁻¹)	中值/(元·股⁻¹)	众数/(元·股⁻¹)	标准差/(元·股⁻¹)	极小值/(元·股⁻¹)	极大值/(元·股⁻¹)	公司数/家
2002	0.132 467	0.100	0.1	0.099 292	0.010 00	0.60	557
2003	0.142 500	0.100	0.1	0.118 866	0.005 00	1.00	533
2004	0.157 346	0.110	0.1	0.132 784	0.010 00	1.20	642
2005	0.164 521	0.110	0.1	0.164 011	0.004 88	1.70	551
2006	0.163 406	0.100	0.1	0.213 741	0.006 00	3.00	603
2007	0.166 103	0.100	0.1	0.176 966	0.006 00	2.00	677
2008	0.160 177	0.100	0.1	0.188 976	0.005 00	2.00	731
2009	0.162 949	0.100	0.1	0.164 340	0.004 00	1.20	813
2010	0.204 495	0.120	0.1	0.216 948	0.007 87	2.30	1 123

图 4-8 1994~2010 年沪深 A 股每股现金股利均值、中值、众数趋势图

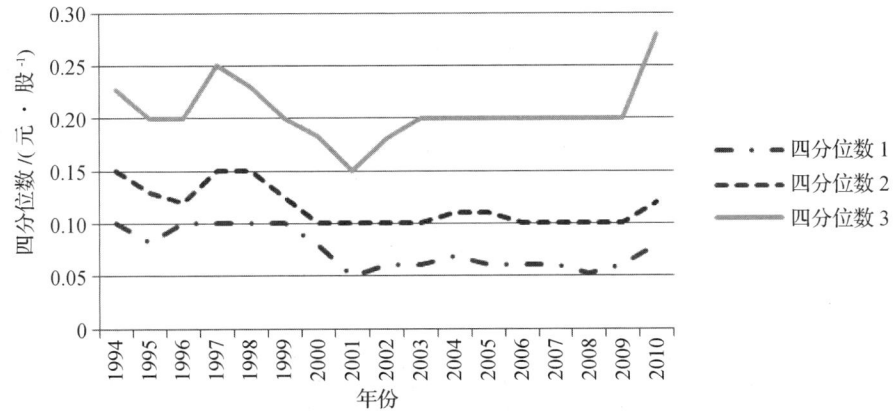

图 4-9 1994~2010 年沪深 A 股每股现金股利四分位数趋势图

4.3.2.2 股利支付率（现金股利支付率）呈现逐渐下降的变化趋势

表4-6和图4-10是1994~2010年股利支付率的十分位数统计结果。从图4-10显示：1994~2010年沪深A股股利支付率（现金股利支付率）呈现逐步下降的变化趋势。以十分位数5为例，1994~1995年股利支付率由52%下降到48%，跌幅4个百分点；1996~1998年股利支付率处于上升阶段，并形成1994~2010年以来股利支付率中位数的最高峰55%；1999~2001年股利支付率呈现下降趋势；之后2002年股利支付率回升到47%，比前期峰值（55%）低了8个百分点；2003~2004年股利支付率下降；2005年股利支付率回升到44%，比2002年股利支付率（47%）又低了3个百分点；2006~2010年股利支付率呈现持续下降的变化趋势。尽管1994~2010年期间股利支付率有回升时期，但回升的幅度和时间远远小于下降的幅度和时间。除了十分位数5以外，其余8个分位数的变化也基本如此。因此，1994~2010年沪深A股股利支付率呈现逐渐下降的变化趋势。从1997年的55%到2010年的30%，短短的13年时间里，股利支付率的中位数下降了25%。并且十分耐人寻味的是2007~2010年十分位数5均为30%。这与2008年证监会半强制性分红的比例保持了高度的一致。并且市场仿佛先知先觉似的，在2007年就已经根据未来的政策预先进行了部署安排。或者说，证监会是在考虑市场分配变化的趋势情况下，根据历年股利支付的中位数变化趋势，以最近且最低水平作为半强制性分红的标准。但也不排除上市公司因发展状况问题只能承担30%股利支付水平的现金股利。无论是以上哪种原因，沪深A股上市公司股利支付水平呈现逐步下降是不争的事实。无独有偶，Fama和French（2001）对美国证券市场的研究显示：美国上市公司现金股利支付率从1978年的65%下降到1999年的20.8%。我国现金股利支付率的下降幅度、最高点和最低点比美国上市公司的相关指标要"温柔"一些。

表4-6 1994~2010年沪深A股股利支付率十分位数统计表

年份	十分位数1	十分位数2	十分位数3	十分位数4	十分位数5	十分位数6	十分位数7	十分位数8	十分位数9
1994	17%	28%	38%	46%	52%	60%	66%	75%	80%
1995	22%	30%	37%	44%	48%	55%	62%	72%	80%
1996	24%	33%	41%	51%	54%	61%	71%	79%	87%
1997	22%	29%	38%	47%	55%	65%	73%	83%	93%
1998	18%	30%	37%	47%	53%	61%	74%	86%	107%
1999	18%	27%	32%	41%	49%	56%	66%	75%	96%
2000	18%	24%	30%	36%	42%	49%	57%	69%	85%
2001	16%	24%	30%	35%	43%	48%	58%	66%	81%
2002	18%	26%	32%	40%	47%	56%	64%	77%	90%

续表

年份	十分位数1	十分位数2	十分位数3	十分位数4	十分位数5	十分位数6	十分位数7	十分位数8	十分位数9
2003	16%	23%	31%	36%	43%	52%	63%	75%	87%
2004	18%	25%	30%	35%	42%	49%	60%	73%	88%
2005	15%	23%	31%	38%	44%	50%	58%	73%	96%
2006	14%	21%	27%	33%	39%	45%	50%	60%	75%
2007	8%	13%	19%	24%	30%	37%	44%	51%	64%
2008	11%	17%	21%	26%	30%	36%	43%	52%	73%
2009	11%	16%	20%	25%	30%	36%	44%	54%	75%
2010	11%	16%	20%	25%	30%	35%	42%	52%	69%

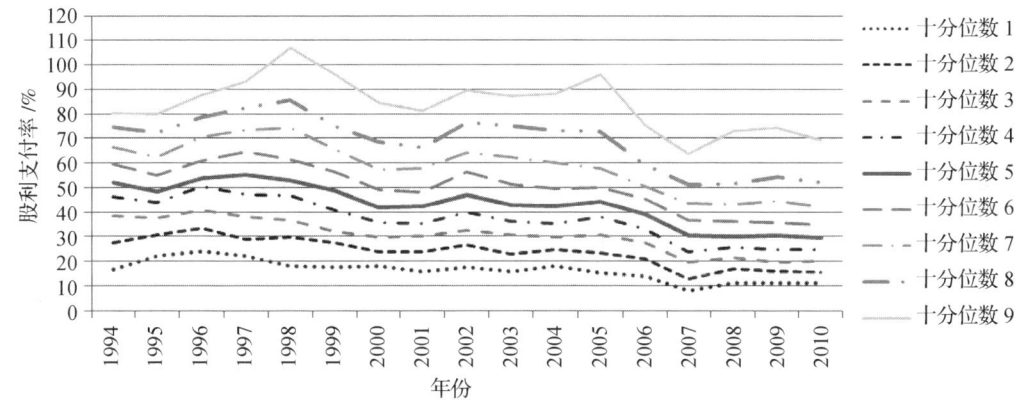

图 4-10　1994~2010 年沪深 A 股股利支付率十分位数变化趋势图

4.3.3　上市公司股票股利和转增股支付水平的分析

表 4-7、图 4-11 和图 4-12 是 1994~2010 年沪深 A 股股票股利的描述性统计。股票股利呈现震荡上升的变化趋势。1996~1999 年股票股利基本保持在 0.25 左右，2000~2001 年股票股利出现短暂下降，2002~2010 年股票股利则基本呈上升变化趋势。特别是 2007 年以来，股票股利的支付水平呈现较快的增加。图 4-12 中四分位数的变化就说明了这一点。在上文分析中，我们已经看到股票股利逐渐被市场所淡忘，支付股票股利公司的比例在不断减少，但是采用股票股利分配形式的公司却在增加股票股利的支付水平。这表明这些支付较高股票股利的公司可能具有较快的成长性，为了应对较快发展所需资金，所以增加股票股利，将留存收益用于股本扩张，增加企业规模。

表4-7 每股股票股利描述性统计

年份	均值/(股·股⁻¹)	中值/(股·股⁻¹)	众数/(股·股⁻¹)	标准差/(股·股⁻¹)	极小值/(股·股⁻¹)	极大值/(股·股⁻¹)	公司数/家
1994	0.194 323	0.200	0.1	0.127 648	0.050 000	0.70	127
1995	0.194 623	0.150	0.1	0.166 297	0.013 000	1.00	122
1996	0.253 774	0.200	0.2	0.173 788	0.012 000	1.00	197
1997	0.255 929	0.200	0.2	0.165 891	0.100 000	1.00	161
1998	0.269 613	0.200	0.2	0.150 329	0.050 000	0.80	155
1999	0.256 512	0.200	0.2	0.152 133	0.060 000	0.85	109
2000	0.219 065	0.200	0.2	0.109 090	0.043 719	0.60	106
2001	0.163 413	0.110	0.1	0.112 540	0.016 200	0.60	85
2002	0.183 100	0.200	0.2	0.109 162	0.016 700	0.60	57
2003	0.216 617	0.200	0.2	0.119 237	0.016 000	0.80	81
2004	0.196 303	0.200	0.2	0.120 722	0.046 250	0.60	47
2005	0.269 957	0.200	0.2	0.158 981	0.010 000	0.70	50
2006	0.237 141	0.200	0.3	0.170 707	0.046 000	1.00	78
2007	0.290 075	0.225	0.2	0.185 996	0.010 000	1.00	128
2008	0.287 837	0.200	0.2	0.199 659	0.010 000	1.00	75
2009	0.333 696	0.225	0.2	0.234 651	0.100 000	1.50	92
2010	0.381 703	0.300	0.2	0.270 064	0.039 350	1.60	106

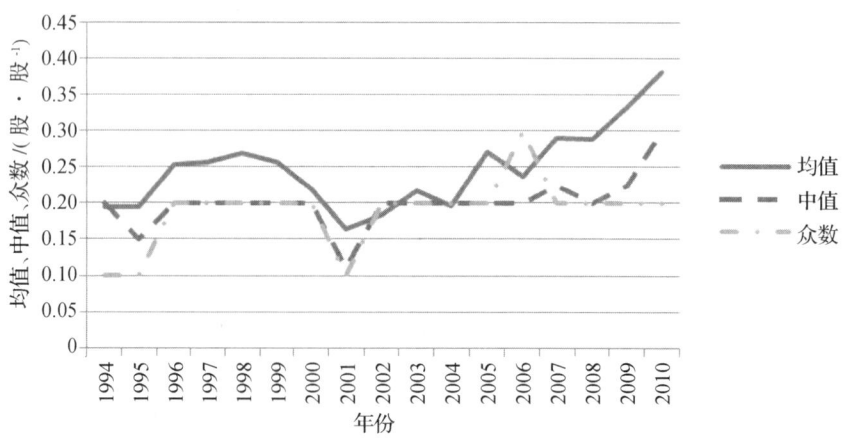

图4-11 每股股票股利均值、中值、众数趋势图

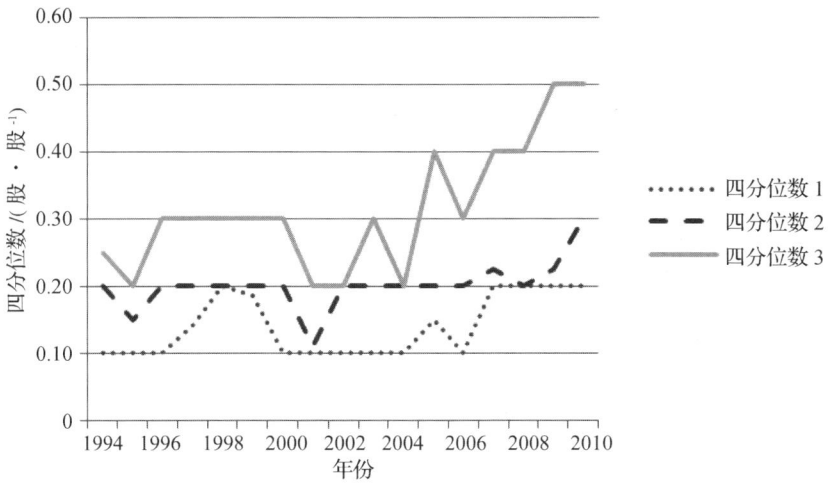

图4-12 每股股票股利四分位数趋势图

表4-8、图4-13和图4-14是1994~2010年沪深A股转增股的描述性统计。与股票股利震荡上升不同,转增股支付水平基本上呈现阶梯式上升变化,并且转增股比例较高。2001年以来,转增股比例基本上在0.4以上。特别是2007年以来,转增股比例的支付水平进一步上升到0.5~0.6的高比例支付水平。图4-13和图4-14中均值和四分位数的变化都证明了这一点。在上文分析中,我们看到转增股已经成为现金股利之外最为重要的一种股利支付形式,并且采用转增股分配形式的公司还在不断增加转增股的支付水平。这表明这些支付较高转增股的公司可能具有较快的成长性,为了应对较快发展所需资金,通过资本公积金转增,将溢价募集资金转为股本增加企业规模。这一方面说明这些公司有较快的发展,同时也证明这些公司在股票发行中的溢价水平较高。股票发行制度通过股利分配方式,将一级市场的某些不合理因素转移到二级市场公司财务决策之中。

表4-8 1994~2010年沪深A股每股转增股描述性统计

年份	均值/(股·股$^{-1}$)	中值/(股·股$^{-1}$)	众数/(股·股$^{-1}$)	标准差/(股·股$^{-1}$)	极小值/(股·股$^{-1}$)	极大值/(股·股$^{-1}$)	公司数/家
1994	0.091 400	0.05	0.03	0.073 517	0.030 000	0.2	5
1995	0.228 556	0.10	0.10	0.193 207	0.037 000	0.6	9
1996	0.380 421	0.30	0.20	0.269 166	0.020 000	1.0	168
1997	0.372 156	0.30	0.20	0.229 738	0.039 579	1.0	156
1998	0.352 309	0.30	0.30	0.216 694	0.050 000	1.0	161
1999	0.424 653	0.40	0.30	0.233 957	0.020 000	1.0	128
2000	0.443 531	0.40	0.50	0.236 650	0.043 719	1.0	151

续表

年份	均值/(股·股⁻¹)	中值/(股·股⁻¹)	众数/(股·股⁻¹)	标准差/(股·股⁻¹)	极小值/(股·股⁻¹)	极大值/(股·股⁻¹)	公司数/家
2001	0.398 440	0.30	0.50	0.245 947	0.050 00	1.0	113
2002	0.419 748	0.40	0.20	0.244 708	0.050 00	1.0	119
2003	0.503 053	0.50	0.50	0.281 258	0.100 00	1.4	169
2004	0.487 531	0.489 233	0.30	0.286 215	0.070 00	1.4	154
2005	0.524 72	0.50	0.30	0.302 979	0.046 00	2.209 6	335
2006	0.438 202	0.35	0.50	0.302 526	0.026 18	2.0	149
2007	0.540 726	0.50	0.50	0.301 743	0.050 00	1.5	310
2008	0.486 245	0.50	0.50	0.301 828	0.050 00	1.3	196
2009	0.541 412	0.50	0.50	0.295 589	0.070 00	1.5	255
2010	0.655 948	0.60	1.00	0.337 914	0.050 00	2.0	479

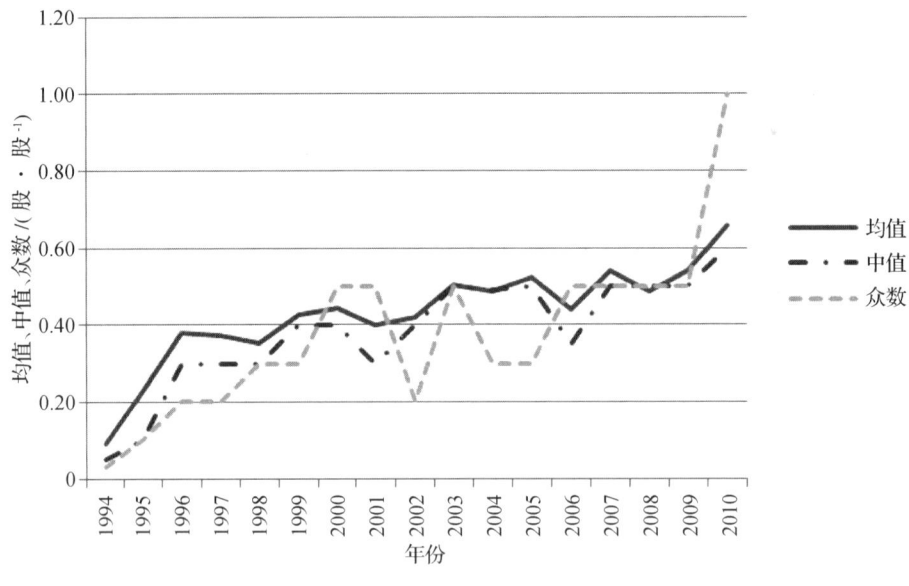

图 4-13 每股转增股均值、中值、众数趋势图

4.3.4 每股股利、每股股票股利和每股转增股的比较

为了进一步说明每股股利、每股股票股利和每股转增股的变化特征，根据 1994~2010 年每股股利、每股股票股利和每股转增股的均值绘制得到图 4-15。从图中可以看出，每股转增股比例最高，且呈现单边上升趋势；股票股利的比例处于中间，2001 年以后处于逐步增加的趋势；每股股利（现金股利）的比例最低，且变化最小，每股股

利呈现出相对的平稳性。根据转增股、股票股利和现金股利的记账原则,从会计上来看,转增股、股票股利相当于按照每股1元,将资本公积金、盈余公积金或者未分配利润转为公司的股本。也就是说,转增股、股票股利大,相当于将留存收益的大部分比例转为了进一步投资,而给予股东的现金股利必然受到影响。而现有数据也验证了这一点。这是否说明:我国上市公司由于处于发展阶段,投资机会较多,大量的资金需要使得公司的现金股利支付水平较低?为了进一步揭示上市公司股利分配的特点,我们还需要从公司内部来进一步分析上市公司的股利分配。

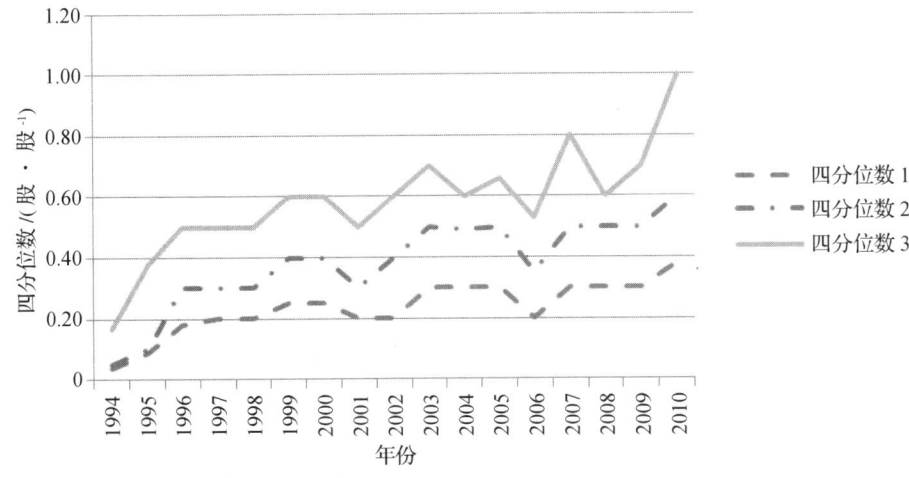

图4-14 每股转增股四分位数趋势图

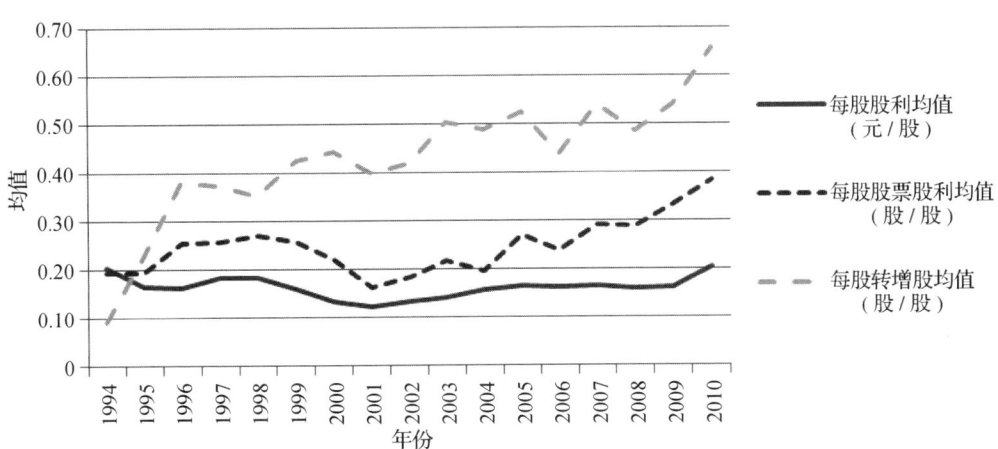

图4-15 每股股利、每股股票股利、每股转增股均值趋势图

4.4 上市公司股利分配类型的小结

本章从是否分配、支付水平与支付形式全面分析了 1994～2010 年沪深 A 股股利分配情况。上市公司股利分配具有如下主要特征。

①随着上市公司规模的扩大，不分配公司的数量增加放缓，从而导致不分配公司所占比例逐步下降。上市公司分配意愿呈现增加趋势。分阶段统计资料显示，不分配公司所占比例变化较大，可能存在政策诱导下的被迫分配。

②以是否有现金分配为标准的分配意愿统计结果与非现金分配标准结果基本一致。

③连续 3 年无现金分配的统计结果显示，3 年连续不分配公司占不分配公司比例呈现高比例、稳定变化的特点。这说明在不分配公司中，不分配的刚性在增强。

④现金股利是股利分配的主要形式，资本公积金转增股本的分配形式逐渐增多，股利分配形式渐趋稳定。

⑤每股股利（现金股利）呈现 W 形变化趋势，但总体波动不大；而股利支付率（现金股利支付率）呈现逐渐下降的变化趋势。我国股票市场也存在股利消失现象。

⑥从每股股利、股票股利和转增股的数量来看：每股转增股比例最高，且呈现单边上升趋势；股票股利比例处于中间，2001 年以来逐步增加；每股股利（现金股利）的比例最低，且变化最小，每股股利相对平稳。

由于半强制分配政策对上市公司股利分配具有一定的影响性，因此，本书将重点研究 2001 年后股利分配的影响因素。

5 不同分配类型上市公司内部因素比较

上市公司内部因素是影响股利分配决策的重要因素。长期以来，公司成长性在股利分配决策上的重要作用常常被人所忽略。这导致了股利分配众多理论缺乏一个有效的衔接机制。这也提示我们研究股利分配问题，必须将企业发展这一关键因素同股代理理论相结合，这样才更有利于揭示我国股利分配问题。而公司的发展必然导致公司规模的扩大。因此，基于公司成长性视角的股利分配研究还必须兼顾企业规模。盈利能力不但关系到股东收益的高低，还与企业发展息息相关。盈利能力是企业发展与扩张的源动力，也是股利分配决策中不容忽视的影响因素。在不同股权结构的上市公司，控股股东又会从私利性角度出发进行股利分配。为此，本章主要从盈利能力、成长性、公司规模、资产负债率和控股股东股权结构五个方面来揭示股利分配决策。

5.1 不同分配类型上市公司盈利能力比较

盈利能力通常由资产报酬率（ROA）、权益报酬率（ROE）和每股盈余（EPS）来反映。本节主要通过这三个指标来揭示上市公司的盈利能力，根据样本数据分配与否，将样本分为分配公司与不分配公司；按年分别计算1994～2010年不同样本分组中资产报酬率、权益报酬率和每股盈余的均值；根据各年均值计算结果，汇总形成不同分配意愿公司盈利能力的比较表（表5-1）；根据均值表对不同分配意愿公司资产报酬率、权益报酬率和每股盈余趋势进行比较（图5-1、图5-2和图5-3）。

表 5-1 1994～2010 年分配公司与不分配公司盈利能力的比较

年份	每股盈余/（元·股$^{-1}$）			权益报酬率/%			资产报酬率/%		
	全部样本	分配样本	不分配样本	全部样本	分配样本	不分配样本	全部样本	分配样本	不分配样本
1994	0.35	0.37	0.16	13	13	5	7	7	2
1995	0.25	0.32	-0.01	10	12	0	5	6	0
1996	0.26	0.35	0.02	9	11	1	4	6	1
1997	0.27	0.36	0.16	9	12	5	5	7	3
1998	0.20	0.35	0.06	7	11	3	4	6	1
1999	0.18	0.33	0.06	8	11	4	4	6	2

续表

年份	每股盈余/(元·股⁻¹)			权益报酬率/%			资产报酬率/%		
	全部样本	分配样本	不分配样本	全部样本	分配样本	不分配样本	全部样本	分配样本	不分配样本
2000	0.18	0.30	-0.05	8	11	-2	4	6	-1
2001	0.10	0.26	-0.18	5	9	-8	3	5	-4
2002	0.08	0.26	-0.13	6	9	-4	3	5	-2
2003	0.12	0.30	-0.08	7	11	-2	4	6	-1
2004	0.09	0.33	-0.21	9	14	-5	4	7	-2
2005	0.05	0.19	-0.19	8	11	-6	4	6	-2
2006	0.16	0.36	-0.07	10	14	-5	5	7	-2
2007	0.34	0.52	0.09	17	18	6	8	9	2
2008	0.22	0.48	-0.11	9	12	-7	3	3	-2
2009	0.30	0.51	-0.02	10	13	0	5	6	0
2010	0.46	0.61	0.14	14	15	8	6	7	3
平均值	0.21	0.36	-0.02	9	12	0	5	6	0

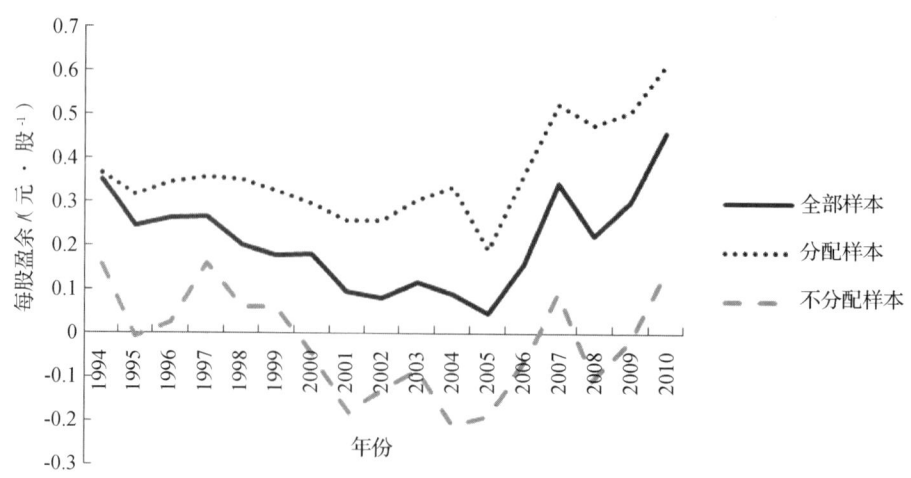

图 5-1 1994~2010 年分配公司与不分配公司每股盈余的趋势比较

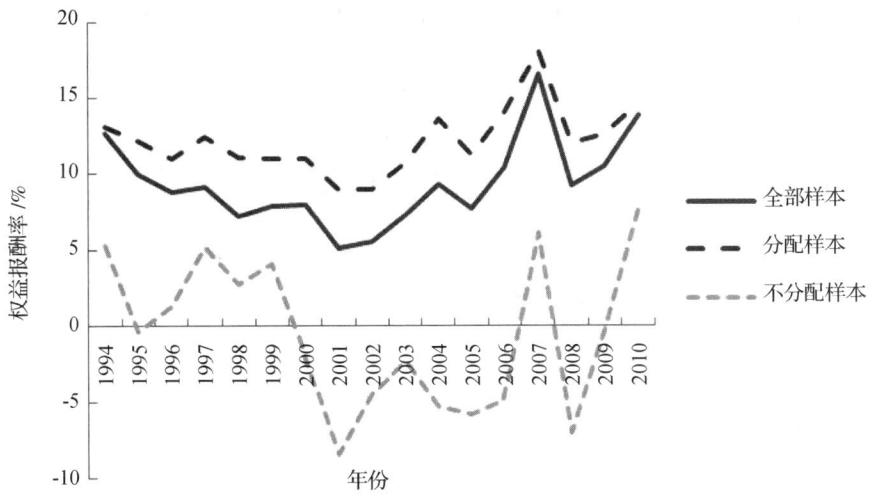

图 5-2 1994~2010 年分配公司与不分公司权益报酬率的比较

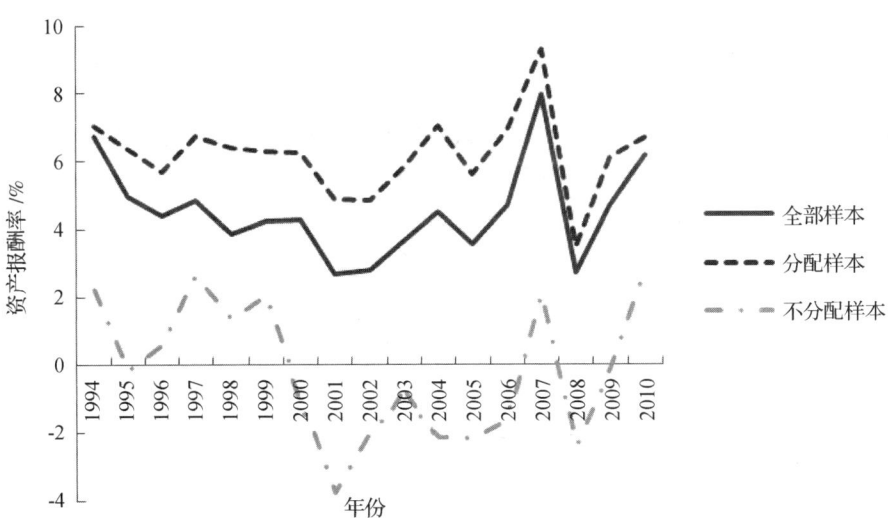

图 5-3 1994~2010 年分配公司与不分配公司资产报酬率的比较

5.1.1 不同分配意愿上市公司盈利能力比较

表 5-1 是 1991~2010 年全部样本、分配样本和不分配样本历年资产报酬率、权益报酬率和每股盈余的均值统计表。表 5-1 显示：1994~2010 年股利分配上市公司的每股盈余达到 0.36 元/股，较全部样本每股盈余 0.21 元/股多，而不分配上市公司的每股盈余为 -0.02 元/股；1994~2010 年股利分配上市公司的权益报酬率为 12%，比全部样本权益报酬率 9% 高出 3 个百分点，而不分配上市公司的权益报酬率为 0；1994~

2010年股利分配上市公司的资产报酬率为6%，全部样本的资产报酬率为5%，而不分配公司的资产报酬率为0。1994～2010年每股盈余、权益报酬率和资产报酬率的统计指标均显示出股利分配上市公司的盈利状况明显好于不分配上市公司的盈利状况。

图5-1是每股盈余的趋势变化图。1994～2010年分配公司每股盈余存在三个阶段低点：2001年、2002年的0.26元/股和2005年的0.19元/股。1994～1999年分配公司每股盈余基本保持在0.35元/股左右。2000年每股盈余比1999年每股盈余小幅下降了0.03元/股。之后，2001～2004年每股盈余就迅速回升到1999年0.33元/股的水平。2005年分配公司的每股盈余出现较大下降幅度，每股盈余降至0.2元/股以下，与2004年相比降幅达到42%。不过，2006年每股盈余就又恢复到0.36元/股，几乎接近前期高点0.37元/股。2007～2010年分配公司的每股盈余持续上升，2007年突破0.5元/股，2010年分配公司每股盈余创造历史新高，为0.61元/股。从每股盈余的趋势变化来看，2000年后分配公司的盈利能力在不断增强。而不分配公司每股盈余的变化趋势与分配公司大体接近，只不过每股盈余的数值较小或是亏损增加。

图5-2是权益报酬率的趋势变化图。1994～2007年权益报酬率的趋势变化与每股盈余的变化趋势基本一致。但与每股盈余最高点出现在2010年不同，权益收益率的最高点出现在2007年，达到17%。之后，权益收益率经历了下降、上升的变化，但均未超过17%。

图5-3是资产报酬率的趋势变化图。资产报酬率的趋势变动和权益报酬率的趋势变动在1994～2010年基本一致。两者的差异出现在2007年以后的变化。2007～2010年资产报酬率的下降幅度比权益报酬率的下降幅度更大一些。分配公司与不分配公司权益报酬率差距和资产报酬率差距也十分明显：1994～2010年，资产报酬率的最大差距有9个百分点，分别出现在2001年、2004年和2006年；权益报酬率的最大差距有19个百分点，分别出现在2004年、2006年和2008年，2001年权益报酬率的差距达到17个百分点。因此，盈利状况是影响股利分配与否的一个重要因素。并且由于两者变化趋势的一致性，权益报酬率和资产报酬率对于股利分配的解释效果应该是一致的。值得注意的是1998～2000年分配公司的权益报酬率都为11%，显示出分配公司为了达到10%最低配股要求的精心安排。近年来，随着公司盈利能力的提高，以及配股要求权益收益率降低到6%，上市公司无须精心设计权益报酬率就可达到这一要求。而半强制性分红就成为公司能否获得配股资格的关键制度因素。

5.1.2 不同分配形式上市公司盈利能力比较

表5-2是1994～2010年沪深A股不同分配形式资产报酬率、权益报酬率和每股盈余均值的统计表。表5-2显示：1994～2010年现金股利分配形式与转增股分配形式公司的每股盈余分别为0.38元/股和0.39元/股，而股票股利分配形式公司每股盈余明显提高，达到0.44元/股，比其他两种形式公司每股盈余高了0.05～0.06元/股；1994～2010年现金股利分配形式与转增股分配形式公司权益报酬率分别为12%和11%，而股票股利分配形式公司的权益报酬率比前两者分配方式高出3～4个百分点，权益报酬率达到15%；1994～2010年现金股利分配形式与转增股形式公司的资产报酬率相等，均

为6%，而股票股利分配形式公司的资产报酬率为8%。1994～2010年每股盈余、权益报酬率和资产报酬率的统计指标显示出现金股利分配形式与转增股分配形式公司的盈利能力基本一致，而股票股利分配形式上市公司盈利能力明显好于现金股利、转增股分配形式的上市公司。

表5-2　1994～2010年不同分配形式盈利能力比较

年份	每股盈余/(元·股⁻¹)			权益报酬率/%			资产报酬率/%		
	现金股利	股票股利	转增股	现金股利	股票股利	转增股	现金股利	股票股利	转增股
1994	0.38	0.40	0.24	15	15	9	8	7	4
1995	0.34	0.36	0.16	13	14	6	7	7	3
1996	0.33	0.40	0.35	9	15	12	5	7	7
1997	0.35	0.41	0.36	14	16	13	7	9	7
1998	0.34	0.40	0.39	11	13	14	6	8	8
1999	0.31	0.38	0.36	11	13	12	6	7	7
2000	0.30	0.34	0.33	11	14	12	6	8	7
2001	0.26	0.29	0.28	9	12	10	5	7	6
2002	0.26	0.32	0.30	9	13	10	5	7	6
2003	0.31	0.31	0.37	11	13	12	6	7	6
2004	0.34	0.41	0.46	14	12	15	7	6	7
2005	0.34	0.41	0.12	13	15	5	7	7	2
2006	0.39	0.41	0.36	14	15	13	7	6	6
2007	0.56	0.68	0.58	18	19	16	10	9	7
2008	0.49	0.53	0.60	12	20	6	3	8	1
2009	0.52	0.62	0.61	13	20	15	6	8	6
2010	0.63	0.79	0.74	15	23	15	7	10	7
平均值	0.38	0.44	0.39	12	15	11	6	7	6

图5-4是1994～2010年现金股利、股票股利和转增股分配形式公司每股盈余的趋势变化图。除了2005年转增股分配形式公司的每股盈余呈现较大下降以外，总体而言，三种分配形式公司每股盈余处于逐步上升的趋势变动之中，并且股票股利分配形式公司的每股盈余一直高于其他两种分配形式公司。除了1995年、2005年以外，其余年份转增股分配形式公司每股盈余均比现金股利分配形式公司每股盈余高。从趋势变化的形态上来看，现金股利分配形式公司与股票股利分配形式公司每股盈余的趋势变化基本保持一致：除1994年、1995年和2008年以外，1996～1997年现金股利与股票股利分配形式公司每股盈余处于上升趋势，1998～2001年转为下降，2002～2010年呈现逐步增加。

这说明来自企业利润的股利分配与企业盈余相关性较强，而转增股分配形式公司的每股盈余波动明显增强，其中最大波动出现在2005年，每股盈余只有0.12元/股，明显低于1994～2010年全部样本公司每股盈余平均值0.21元/股（表5-1）。

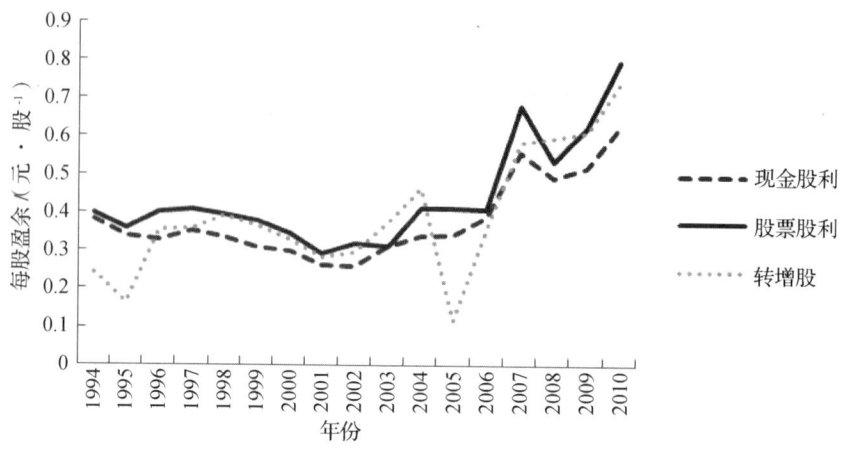

图5-4　1994～2010年不同分配形式每股盈余的趋势比较

图5-5是1994～2010年现金股利、股票股利和转增股分配形式公司权益报酬率的变化趋势图。1994～2006年现金股利分配形式公司权益报酬率基本上维持在10%～15%，2007年权益报酬率达到历史新高，为18%，2008～2010年权益报酬率降至12%～15%。因此，1994～2010年现金分配形式公司权益报酬率总体变化不大，呈现小幅上升。股票股利分配形式公司权益报酬率在1994～2006年与现金股利分配形式公司变化趋势基本一致，权益报酬率在12%～15%上下波动，股票股利分配形式公司权益报酬率的波动区间小于现金股利分配公司，这也说明股票股利分配公司的盈利能力好于现金股利分配公司。2007～2010年股票股利分配公司的权益报酬率持续增加：从2007年的19%上升到2010年的23%。这说明公司通过股票股利形式扩张股本、增加投资，为上市公司股东带来更大的收益。1994～2010年转增股分配形式公司的权益报酬率呈现W形的变化特征：1994～1995年权益报酬率从9%下降到6%；1997～2004年权益报酬率在10%～15%波动；2005年权益报酬率急速下降到5%；2006～2007年权益报酬率又恢复到15%左右，2008年又下降到6%；2009～2010年权益报酬率再次回到15%。转增股分配形式公司权益报酬率的变化表明：公司通过资本公积金转增形式扩大股本、增加规模，对于股东而言，收益水平并不稳定。三种不同分配形式公司权益报酬率的趋势变化表明股票股利分配形式公司的权益报酬率较高，现金股利和转增股分配形式公司的权益报酬率波动较大，现金股利分配形式公司权益报酬率呈现小幅上升。

图5-6是1994～2010年现金股利、股票股利和转增股分配形式公司资产报酬率的变化趋势图。除了1994年、2004年和2006年股票股利分配形式公司比现金分配形式公司资产报酬率低1个百分点以外（表5-2），其余年份股票分配形式公司资产报酬率均比现金股利分配形式公司的资产报酬率高。股票股利分配形式公司资产报酬率的波动区间在6%～10%，而现金股利分配形式公司资产报酬率的波动区间在3%～10%（表

5-2)。2008~2010年股票股利分配形式公司资产报酬率有所提升,而现金股利分配形式公司资产报酬率出现较大下降,这进一步加大了股票股利与现金股利分配形式公司资产报酬率的差距。1996~2004年转增股形式公司资产报酬率处于6%~8%,收益水平稳定。而1994~1995年、2005~2010年转增股形式公司资产报酬率的波动明显加剧。2005年、2008年转增股形式公司资产报酬率的仅有2%和1%(表5-2)。这说明通过资本公积金转增股分配形式扩张股本、增加规模会显著影响公司的资产收益水平。这可能是由投资效果滞后效应所决定的。

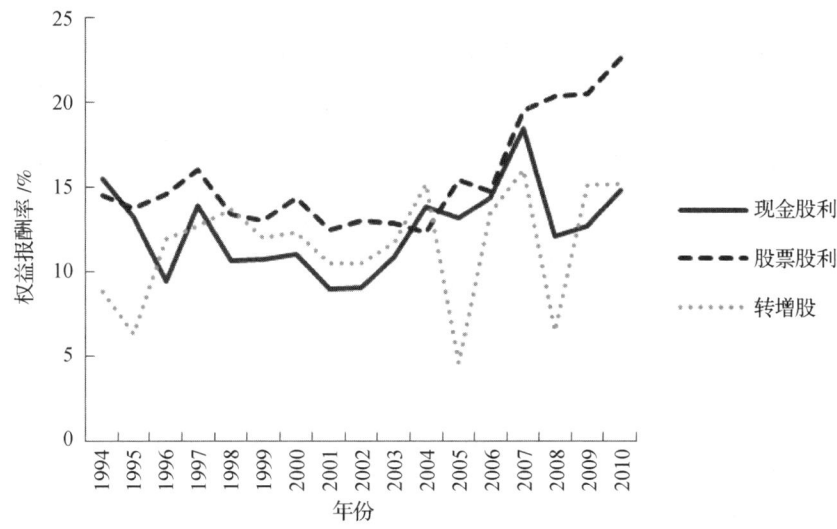

图5-5 1994~2010年不同分配形式权益报酬率的趋势比较

图5-6 1994~2010年不同分配形式资产报酬率的趋势比较

5.1.3 现金股利分配形式上市公司盈利能力比较

表5-3、表5-4和表5-5是1994~2010年现金股利分配形式每股盈余、权益收益率和资产报酬率的描述性统计结果。图5-7、图5-8和图5-9是1994~2010年现金股利分配形式每股盈余、权益收益率和资产报酬率的十分位数趋势图。其中权益报酬率和资产报酬率的十分位数变化趋势比较近似,呈现出在一定区间震荡波动变化;并且2003~2010年十分位数之间的差距与以前年份十分位数的差距明显增加。这说明现金分配形式上市公司盈利能力的差距在进一步扩大。与权益收益率和资产报酬率区间波动变化不同,每股盈余具有比较明显的上升变化趋势。表5-3、表5-4和表5-5每股盈余、权益收益率和资产报酬率的均值变化也显示:每股盈余相对权益收益率和资产报酬率而言上升趋势十分明显。虽然每股盈余、权益收益率和资产报酬率均为盈利能力指标,但是每股盈余反映的是单位股本的盈利能力,而权益收益率和资产收益率反映的是所有者权益和资产的盈利能力。企业留存收益越多,所有者权益越多。所有者权益的增加又会提升公司的负债规模,从而进一步增加企业资产。因此,负债规模是影响公司资产报酬率和权益收益的关键因素。每股盈余与权益收益率、资产报酬率趋势变化的差异是否是现金分配形式公司增加了负债规模引起的呢?为此,在接下来的分析中我们将深入讨论现金分配形式公司资产负债率的变化。

表5-3 1994~2010年现金股利分配形式每股盈余趋势变化

年份	均值/(元·股$^{-1}$)	中值/(元·股$^{-1}$)	众数/(元·股$^{-1}$)	标准差/(元·股$^{-1}$)	极小值/(元·股$^{-1}$)	极大值/(元·股$^{-1}$)	公司数/家
1994	0.38	0.32	0.21	0.29	0.03	2.97	188
1995	0.34	0.27	0.11	0.26	-0.11	1.80	149
1996	0.33	0.26	0.20	0.26	-0.16	1.93	139
1997	0.35	0.31	0.20	0.23	0.02	1.71	179
1998	0.34	0.30	0.21	0.21	-0.30	1.73	223
1999	0.31	0.29	0.16	0.16	0.01	0.91	291
2000	0.30	0.27	0.22	0.16	0.00	1.36	619
2001	0.26	0.22	0.18	0.18	-0.08	1.60	637
2002	0.26	0.22	0.15	0.18	-0.58	1.47	543
2003	0.31	0.26	0.12	0.25	-0.04	2.41	533
2004	0.34	0.26	0.16	0.27	0.01	2.37	642
2005	0.34	0.27	0.13	0.28	-0.15	2.37	550
2006	0.39	0.30	0.17	0.37	0.01	5.32	603
2007	0.56	0.42	0.19	0.50	0.01	5.53	676
2008	0.49	0.35	0.21	0.55	-0.26	6.28	731
2009	0.52	0.39	0.50	0.50	-0.51	4.57	813
2010	0.63	0.51	0.50	0.52	0.01	5.35	1125

表 5-4 1994~2010 年现金股利分配形式权益收益率趋势变化

年份	均值/%	中值/%	众数/%	标准差/%	极小值/%	极大值/%	样本数/家
1994	8	7	1	4	1	23	188
1995	7	6	-5	4	-5	25	149
1996	7	6	-3	4	-3	23	139
1997	7	7	0	4	0	24	179
1998	7	7	-11	4	-11	23	223
1999	7	6	0	6	0	89	272
2000	7	6	0	4	0	30	619
2001	5	5	-3	3	-3	22	637
2002	5	5	-13	4	-13	32	557
2003	6	5	-1	4	-1	26	533
2004	6	5	0	4	0	44	642
2005	6	5	-5	4	-5	26	550
2006	6	5	-1	5	-1	61	603
2007	8	6	0	5	0	34	676
2008	7	5	-2	6	-2	47	731
2009	7	6	-14	6	-14	46	813
2010	8	7	-1	5	-1	33	1 125

表 5-5 1994~2010 年现金股利分配形式资产报酬率趋势变化

年份	均值/%	中值/%	众数/%	标准差/%	极小值/%	极大值/%	样本数/家
1994	8	7	1	4	1	23	188
1995	7	6	-5	4	-5	25	149
1996	7	6	-3	4	-3	23	139
1997	7	7	0	4	0	24	179
1998	7	7	-11	4	-11	23	223
1999	7	6	0	6	0	89	272

续表

年份	均值/%	中值/%	众数/%	标准差/%	极小值/%	极大值/%	样本数/家
2000	7	6	0	4	0	30	619
2001	5	5	−3	3	−3	22	637
2002	5	5	−13	4	−13	32	557
2003	6	5	−1	4	−1	26	533
2004	6	5	0	4	0	44	642
2005	6	5	−5	4	−5	26	550
2006	6	5	−1	5	−1	61	603
2007	8	6	0	5	0	34	676
2008	7	5	−2	6	−2	47	731
2009	7	6	−14	6	−14	46	813
2010	8	7	−1	5	−1	33	1125

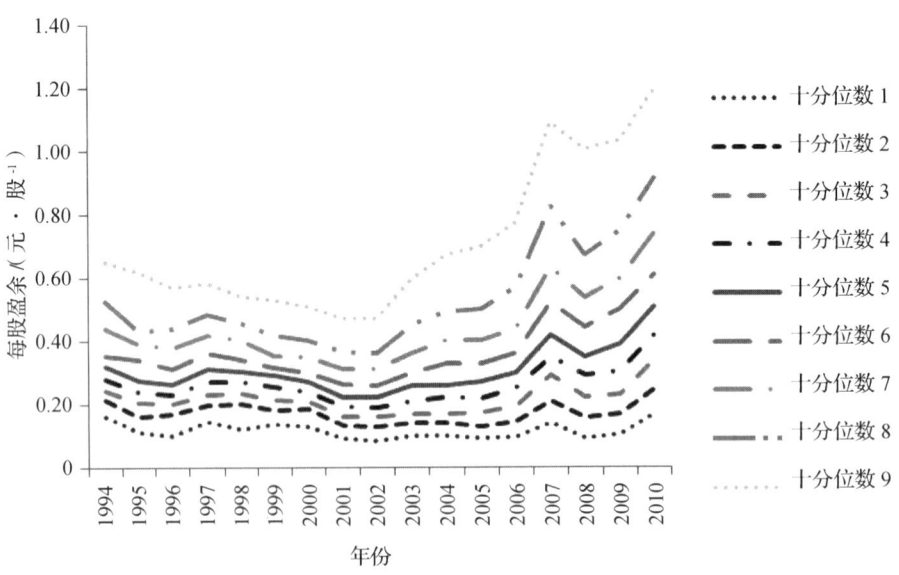

图 5-7 1994~2010 年现金股利分配形式每股盈余的趋势比较

5 不同分配类型上市公司内部因素比较

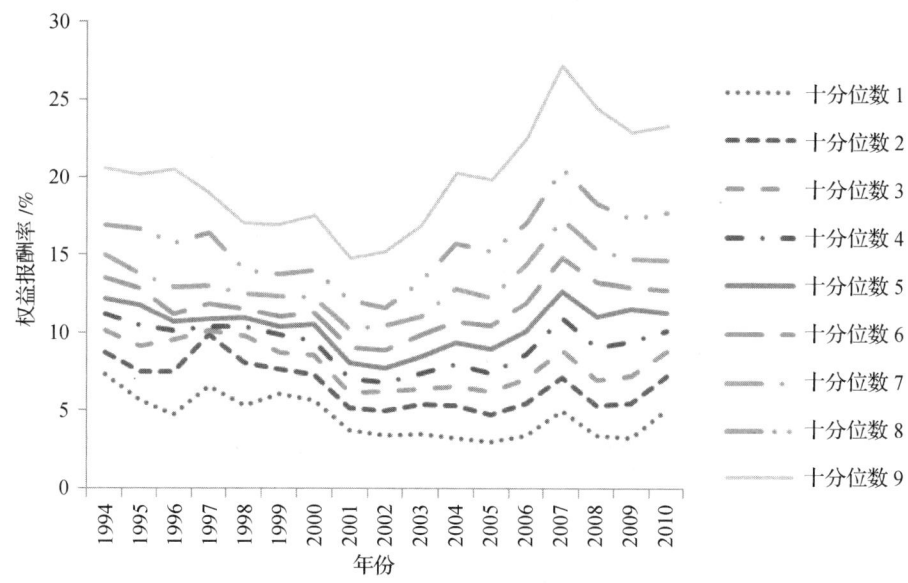

图5-8 1994~2010年现金股利分配形式权益报酬率的趋势比

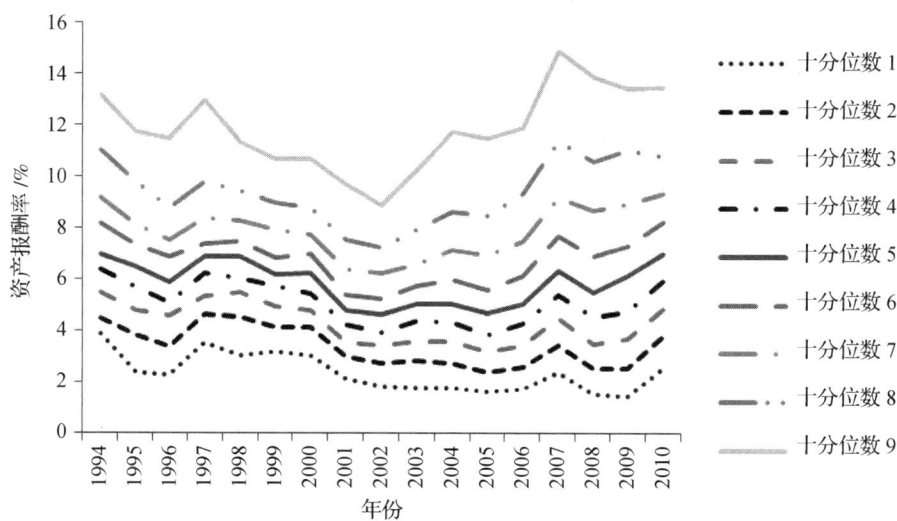

图5-9 1994~2010年现金股利分配形式资产报酬率的趋势比较

5.2 不同分配类型上市公司成长性比较

一个公司的成长性，或者说一个公司的投资机会可以通过研发费用占资产之比、资产增长率和市场价值与账面价值之比（即托宾 Q 值）来表示。其中，研发费用占资产之比是反映公司成长性最为准确的指标，但是由于前期投入无法准确预测研发后果，因而一部分研发费用已经作为当年费用进入成本。因此，完全准确地确定资本化研发费用在现实中是十分困难的。目前很多学者利用托宾 Q 值作为公司成长性指标。本书认为我国股票市场股票价格受投机行为影响较大，股票价格并不能完全反映公司的成长性，所以，在我国利用托宾 Q 值表示公司的成长性并不合适。因此，本书选择资产增长率代表公司成长性指标，即公司成长性 = （年末资产总额 - 年初资产总额）/年初资产总额。本章分别讨论分配与不分配、不同分配形式和现金股利分配形式公司的成长性。

5.2.1 不同分配意愿上市公司成长性比较

表 5-6 是不同分配意愿上市公司 1994~2010 年公司资产增长率均值统计表。本书根据表 5-6 数据绘制得到 1994~2010 年公司资产增长率趋势变化图（图 5-10）。表 5-6 显示分配公司的资产增长率均在二位数增长之中；最高的增长年份是 2007 年，增长率达到 23%；2008 年增长率有所放缓；2009~2010 年又恢复到 20% 的增长速度。不分配公司在大部分年份中成长性在 10% 以下。1994~2010 年中不分配公司只有 4 年成长性超过 10%，即 1994 年、2007 年、2009 年和 2010 年。虽然不分配公司的成长性较低，但是 2007~2010 年不分配公司的成长性也呈现明显的增加趋势，2010 年达到 13%。表 5-6 显示不分配公司的成长性明显小于分配公司的成长性。图 5-10 更是清晰地反映出股利分配公司的成长性明显高于不分配公司的成长性。因此，从分配与不分配公司的样本数据来看，分配公司的成长性高于不分配公司的成长性。但这是否意味着上市公司的成长性高，实施股利分配的可能性就越高？这需要实证进一步检验。

表 5-6　1994~2010 年不同分配意愿上市公司的成长性分析

	年份	1994	1995	1996	1997	1998	1999	2000	2001	2002
成长性	全部样本	19%	14%	12%	14%	13%	10%	18%	12%	9%
	分配样本	20%	16%	14%	18%	21%	13%	22%	15%	12%
	不分配样本	12%	8%	6%	10%	7%	6%	5%	3%	2%

	年份	2003	2004	2005	2006	2007	2008	2009	2010
成长性	全部样本	13%	14%	10%	14%	21%	12%	16%	19%
	分配样本	15%	18%	13%	19%	23%	13%	18%	20%
	不分配样本	8%	4%	3%	2%	13%	4%	10%	13%

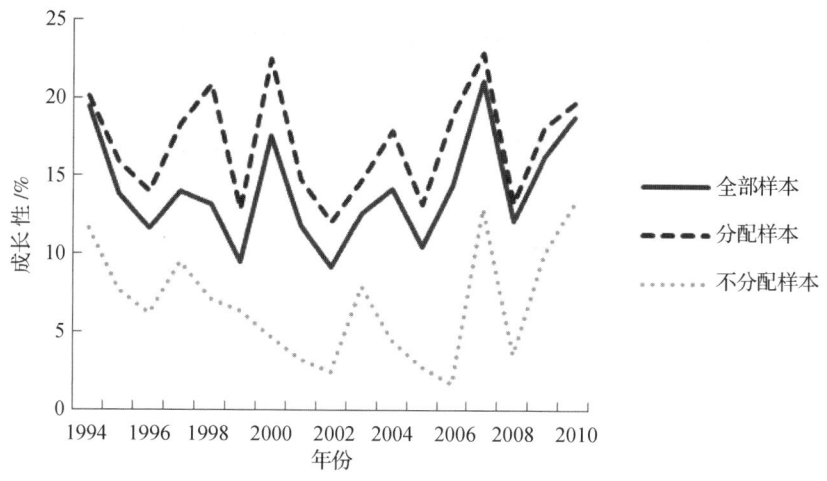

图 5-10 1994~2010 年不同分配意愿上市公司成长性趋势图

图 5-10 显示：1994~1997 年股利分配上市公司成长性和不分配上市公司成长性的变化趋势相同。1998~2002 年股利分配上市公司成长性呈现波动变化，而不分配上市公司成长性呈现单边下降。2003~2006 年股利分配上市公司成长性继续呈现波动变化，而不分配上市公司成长率在 2003 年达到 8% 以后，又呈现单边下降。2007~2010 年分配公司的成长性也出现不分配公司的波动趋势。从成长性趋势分析来看，不分配公司的成长性也在提升。

5.2.2 不同分配形式上市公司成长性比较

表 5-7 是 1994~2010 年现金股利、股票股利和转增股分配形式公司成长性均值统计表。本书根据表 5-7 数据绘制得到三种分配形式公司成长性趋势变化图（图 5-11）。表 5-7 显示：除了 1997 年、2005 年和 2008 年以外，其余年份转增股分配形式公司的成长性大于或等于现金股利分配形式公司，而在 1994~2010 年，除了 2010 年外，其余年份股票股利分配形式公司的成长性均高于现金股利分配形式公司。在图 5-11 中，股票股利分配形式公司成长性趋势线基本上处于现金股利分配形式公司成长性趋势线的上方（除了 2010 略低以外）；而转增股的趋势变化穿越了现金股利和股票股利分配形式的趋势线。其中，2005 年转增股分配形式公司 9% 的成长性增长是三种分配形式公司历史数据的最低点，而 2010 年转增股分配形式公司 37% 的成长性增长又是三种分配形式公司历史数据的最高点。转增股分配形式公司成长性波动较大的原因与新股发行市盈率密切相关。2004~2005 年股市低迷，新股发行较少，新股发行市盈率也难以提高。这必然导致公司资本公积数量有限，从而影响公司转增股的比例。因此，转增股分配形式公司的成长也受到限制。2008 年以来，上市公司规模进一步扩大，新股发行市盈率普遍较高，公司通过转增股形式可以扩容股本，促进公司的快速发展。图 5-11 显示，1994~2007 年三种分配方式公司成长性的趋势变化基本一致。2008 年股票股利分配形式与现金股利、转增股分配形式公司的成长性变化趋势相反：股票股利分配形

式公司成长性增强，转增股和现金股利分配形式公司成长性减弱。2008~2010年，股票股利分配形式公司保持了30%的稳定成长性；现金股利和转增股分配形式公司呈现加速成长的发展趋势。

表5-7 1994~2010年不同分配形式公司成长性分析

	年份	1994	1995	1996	1997	1998	1999	2000	2001	2002
成长性	现金股利	23%	18%	16%	21%	21%	13%	30%	19%	19%
	股票股利	23%	21%	21%	25%	28%	23%	29%	27%	21%
	转增股	23%	18%	16%	19%	27%	23%	30%	27%	20%

	年份	2003	2004	2005	2006	2007	2008	2009	2010
成长性	现金股利	21%	22%	13%	17%	25%	15%	23%	37%
	股票股利	22%	24%	18%	22%	30%	34%	30%	30%
	转增股	25%	31%	9%	24%	28%	14%	27%	37%

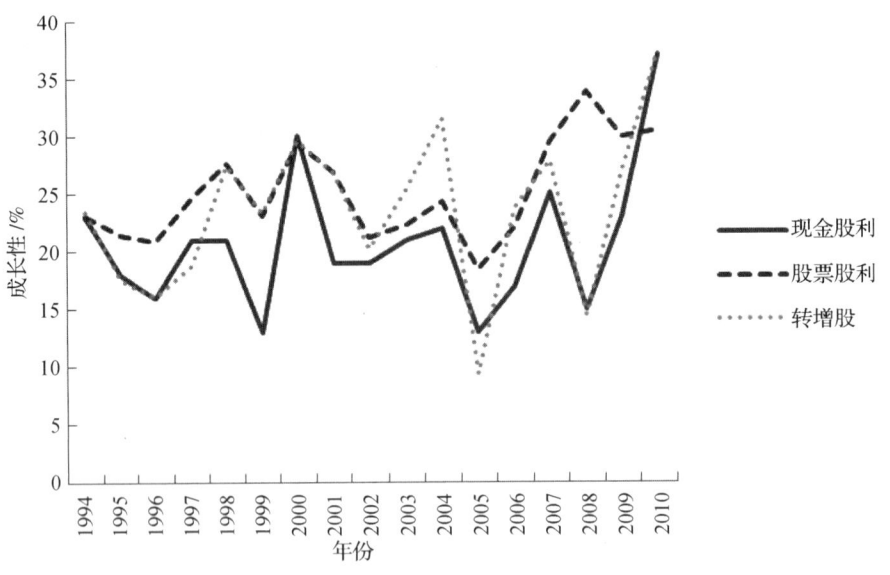

图5-11 1994~2010年不同分配形式公司成长性比较

5.2.3 现金股利分配形式上市公司成长性比较

表5-8是1994~2010年现金股利分配形式公司成长性的描述性统计表。图5-12是现金股利分配形式公司成长性的十分位数趋势变化图。表5-8标准差显示：现金分配方式公司成长性差距有逐步扩大的趋势。从十分位数趋势图来看，1994~2010年现金股利分配形式公司中有10%的公司呈现负增长，40%的公司成长性保持在0~20%，呈现相对的稳定性；而有40%的公司成长性在2007年以后呈现喇叭口状变化趋势。这

与 2008~2010 年均值快速增长是一致的。也就是说,现金分配形式的公司中有 10% 的公司是负增长,40% 的公司保持稳定增长,而其余公司呈现加速增长。负增长公司派发现金股利有利于减少自由现金流量的代理成本。稳定增长公司派发现金股利是符合结果模型还是代替模型,这需要进一步实证检验。

表 5-8 现金股利分配形式公司成长性描述性统计

	年份	1994	1995	1996	1997	1998	1999	2000	2001	2002
成长性	样本数	108	131	91	128	186	227	619	637	557
	均值	23%	18%	16%	21%	21%	13%	30%	19%	19%
	中值	21%	17%	15%	18%	17%	11%	21%	12%	13%
	众数	-9%	-33%	-12%	-42%	-32%	-45%	-58%	-78%	-41%
	标准差	17%	14%	16%	21%	24%	18%	29%	24%	23%
	极小值	-9%	-33%	-12%	-42%	-32%	-45%	-58%	-78%	-41%
	极大值	82%	60%	88%	126%	139%	112%	146%	151%	109%

	年份	2003	2004	2005	2006	2007	2008	2009	2010
成长性	样本数	533	642	550	603	676	731	813	1124
	均值	21%	22%	13%	17%	25%	15%	23%	37%
	中值	14%	16%	10%	12%	19%	12%	14%	22%
	众数	-36%	-53%	-58%	-77%	-71%	-91%	-56%	-33%
	标准差	24%	24%	15%	22%	25%	23%	31%	38%
	极小值	-36%	-53%	-58%	-77%	-71%	-91%	-56%	-33%
	极大值	200%	125%	87%	142%	167%	109%	158%	169%

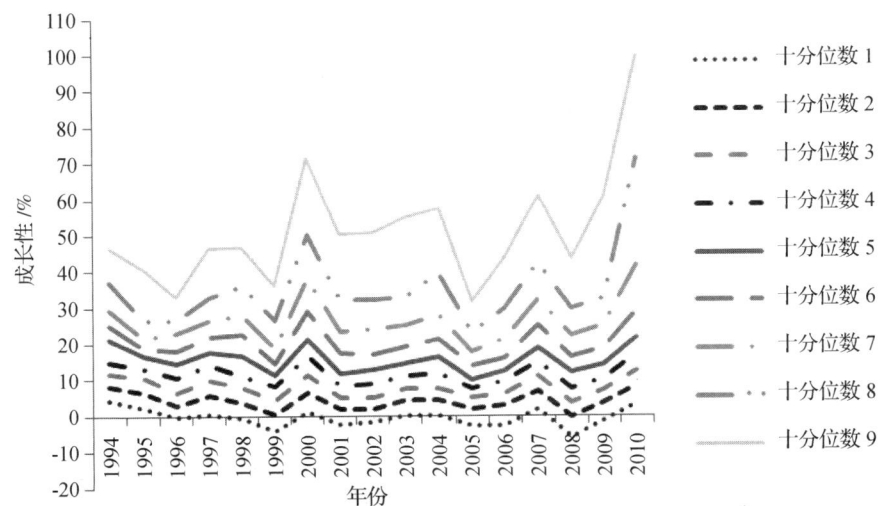

图 5-12 现金股利分配形式公司成长性十分位图

5.3 不同分配类型上市公司规模比较

5.3.1 不同分配意愿上市公司规模比较

表 5-9 是 1994~2010 年不同分配意愿上市公司资产规模均值统计表。本书根据表 5-9 的数据绘制 1994~2010 年不同分配意愿上市公司资产规模趋势变化图（图 5-13）。表 5-9 显示不同分配意愿上市公司具有更大的规模。不分配公司的规模增加比较缓慢：1994~2004 年不分配公司的资产规模基本稳定，2005 年开始加速增长，2009 年资产规模达到新高。股利分配公司资产规模增加明显快于不分配公司：1994~2000 年股利分配公司的资产基本稳定，2001~2005 年呈现小幅增长，2006~2008 年呈现加速增长，2009~2010 年资产规模有所回落。

表 5-9 1994~2010 年不同分配意愿上市公司资产规模

年份	资产规模		
	全部样本/元	分配样本/元	不分配样本/元
1994	1.02E+09	1.03E+09	9.1E+08
1995	1.21E+09	1.21E+09	1.19E+09
1996	1.08E+09	1.09E+09	1.05E+09
1997	1.2E+09	1.2E+09	1.19E+09
1998	1.36E+09	1.4E+09	1.33E+09
1999	1.52E+09	1.76E+09	1.33E+09
2000	1.56E+09	1.7E+09	1.29E+09
2001	2.09E+09	2.46E+09	1.46E+09
2002	2.4E+09	3.08E+09	1.58E+09
2003	2.63E+09	3.52E+09	1.69E+09
2004	2.87E+09	3.76E+09	1.77E+09
2005	3.22E+09	3.84E+09	2.2E+09
2006	3.65E+09	5.08E+09	2.04E+09
2007	5.43E+09	7.53E+09	2.44E+09
2008	1.19E+10	1.84E+10	3.39E+09
2009	7.9E+09	1.01E+10	4.52E+09
2010	7.92E+09	1.02E+10	3.35E+09

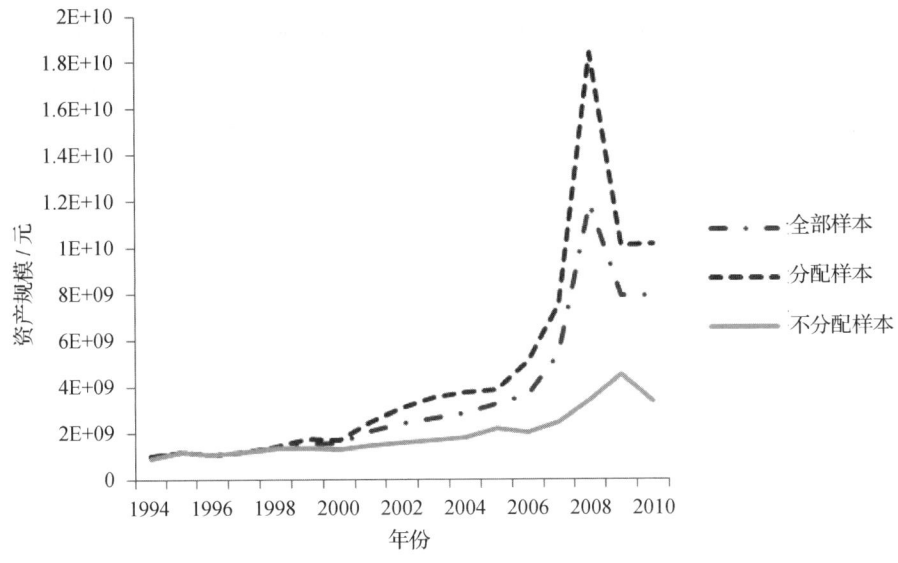

图 5-13 1994~2010 年不同分配意愿上市公司资产规模趋势变化图

5.3.2 不同分配形式上市公司规模比较

表 5-10 是 1994~2010 年现金股利、股票股利和转增股分配形式公司资产规模均值统计表。本书根据表 5-10 绘制 1994~2010 年现金股利、股票股利和转增股分配形式公司资产规模的趋势变动图（图 5-14）。图 5-14 显示：1994~2010 年现金股利分配形式公司资产规模明显大于股票股利分配形式公司；1994~2007 年现金股利分配形式公司资产规模也明显大于转增股分配形式公司资产规模。2008 年三种分配形式公司资产规模出现较大波动：转增股分配形式公司资产规模转为最大，现金股利分配形式公司资产规模次之，股票股利分配形式公司资产规模最小。2009~2010 年现金股利分配形式公司的规模又转为最大，转增股分配形式公司转为最小。

表 5-10 1994~2010 年不同分配形式资产规模

年份	资产规模		
	现金股利/元	股票股利/元	转增股/元
1994	1.08E+09	8.26E+08	7.1E+08
1995	1.31E+09	1E+09	7.44E+08
1996	1.56E+09	8.5E+08	7.14E+08
1997	1.52E+09	9.54E+08	1.01E+09
1998	1.65E+09	1.03E+09	1.16E+09
1999	1.97E+09	1.33E+09	1.28E+09
2000	1.72E+09	1.11E+09	1.25E+09
2001	2.5E+09	1.48E+09	1.47E+09

续表

年份	资产规模		
	现金股利/元	股票股利/元	转增股/元
2002	3.18E+09	2.07E+09	1.97E+09
2003	3.68E+09	2.28E+09	2.1E+09
2004	3.83E+09	2.89E+09	2.73E+09
2005	4.58E+09	2.96E+09	2.14E+09
2006	5.37E+09	3.18E+09	2.65E+09
2007	8.18E+09	3.12E+09	2.91E+09
2008	1.93E+10	4.85E+09	3.95E+10
2009	1.06E+10	4.89E+09	4.05E+09
2010	1.05E+10	6.17E+09	3.44E+09

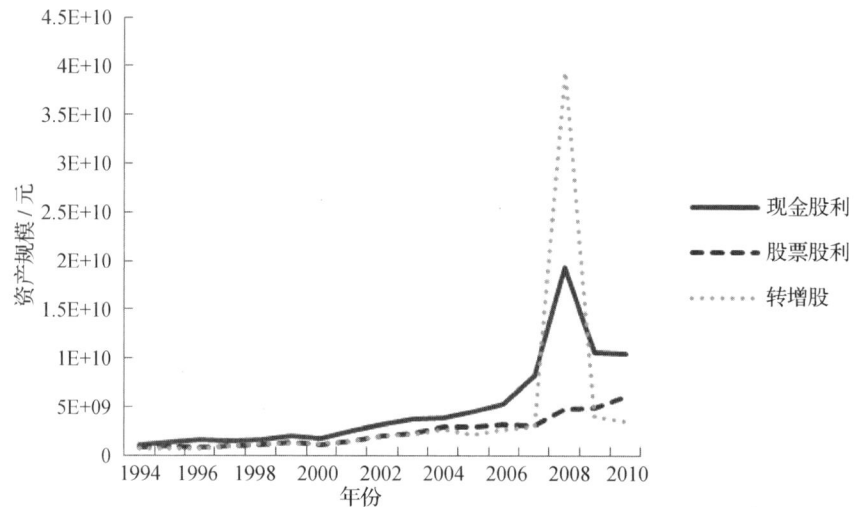

图 5-14 1994~2010 年不同分配形式上司公司资产规模的趋势变动

5.3.3 现金股利分配形式上市公司规模比较

表 5-11 是 1994~2010 年现金股利分配形式公司资产规模的描述性统计表。图 5-15 是现金股利分配形式公司规模的十分位数趋势变化图。表 5-11 显示以 2001 年为分界点,1994~1999 年现金股利分配形式上市公司规模的偏差在（2.00E+09）元左右,2001~2006 年则上升到（2.00E+10）元左右,是 1994~1999 年的 10 倍;2007~2010 年现金股利分配形式公司规模的偏差持续上升。这表明现金股利分配形式公司的规模差距进一步扩张。图 5-15 显示,50%以下的现金股利分配公司的规模在（2.00E+09）元。而 1994~2010 年现金股利分配形式公司资产规模的最小偏差也是（2.00E+09）元。显然,这进一步证明现金股利分配形式公司的规模差距较大。十分位数喇叭口状的趋势变化表明 2001 年以后这种差距随时间越来越大。

5 不同分配类型上市公司内部因素比较

表 5-11 1994~2010 年现金股利分配形式上市公司规模描述性统计

年份	资产规模						
	均值/元	中值/元	众数/元	标准差/元	极小值/元	极大值/元	样本数/元
1994	1.08E+09	6.46E+08	8.81E+07	1.86E+09	8.81E+07	1.80E+10	188
1995	1.31E+09	6.63E+08	1.15E+08	2.38E+09	1.15E+08	1.78E+10	149
1996	1.56E+09	8.15E+08	1.55E+08	2.78E+09	1.55E+08	1.90E+10	139
1997	1.52E+09	8.61E+08	2.30E+08	2.42E+09	2.30E+08	2.09E+10	179
1998	1.65E+09	1.01E+09	1.70E+08	2.32E+09	1.70E+08	2.22E+10	223
1999	1.97E+09	1.19E+09	1.84E+08	2.40E+09	1.84E+08	2.19E+10	272
2000	1.72E+09	1.04E+09	1.93E+08	2.58E+09	1.93E+08	3.74E+10	619
2001	2.50E+09	1.20E+09	1.40E+08	1.41E+10	1.40E+08	3.51E+11	637
2002	3.18E+09	1.34E+09	1.94E+08	1.68E+10	1.94E+08	3.64E+11	557
2003	3.68E+09	1.54E+09	2.10E+08	1.79E+10	2.10E+08	3.79E+11	533
2004	3.83E+09	1.63E+09	2.00E+08	1.82E+10	2.00E+08	4.25E+11	642
2005	4.58E+09	1.84E+09	2.47E+08	2.24E+10	2.47E+08	4.90E+11	550
2006	5.37E+09	1.95E+09	2.13E+08	2.48E+10	2.13E+08	5.58E+11	603
2007	8.18E+09	2.21E+09	1.78E+08	4.54E+10	1.78E+08	9.05E+11	676
2008	1.93E+10	2.40E+09	2.23E+08	2.67E+11	2.23E+08	7.08E+12	731
2009	1.06E+10	2.31E+09	1.95E+08	6.02E+10	1.95E+08	1.32E+12	813
2010	1.05E+10	2.03E+09	2.25E+08	6.11E+10	2.25E+08	1.55E+12	1 124

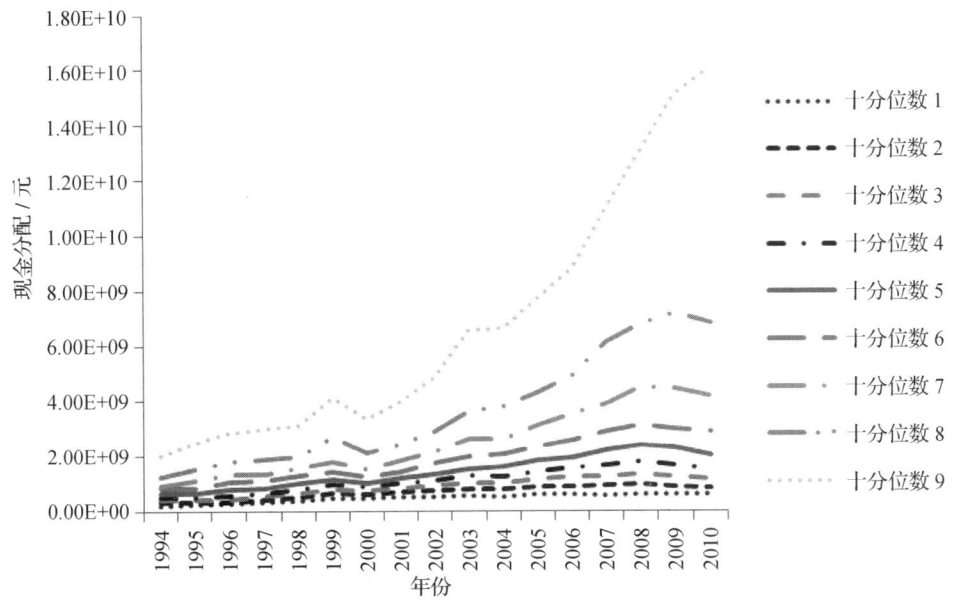

图 5-15 现金分配形式上市公司规模十分位数变化图

5.4 不同分配类型上市公司资产负债率比较

资产负债率反映了公司负债状况。随着公司的发展,成长性投资需要的资金不断增加。如果公司盈利能力下降,其发展所需资金就必须依赖负债和发行新股,则公司的资产负债率就会发生改变。本节从 1994~2010 年上市公司资产负债率的变化,分析上市公司成长性资金来源。

5.4.1 不同分配意愿上市公司资产负债率比较

表 5-12 显示,除了 2008 年分配公司资产负债率为 71% 外,1994~2010 年分配公司的资产负债率均在 55% 以下。其中 1994~2004 年和 2007 年资产负债率均未超过 50%;2005~2006 年以及 2009~2010 年资产负债率从 50% 上升到 54%,资产负债率呈现缓慢上升趋势;2008 年资产负债率陡增至 71%。1994~1995 年不分配公司资产负债率从 58% 小幅上升到 60%,1995~1999 年资产负债率呈下降变化趋势,1999 年降到 50%,而 2000 年以后,不分配公司资产负债率就转为持续上升,2009 年达到 67%,2010 年有所下降,达到 64%。图 5-16 显示:除了 2008 年以外,不分配公司的资产负债率明显高于分配公司的资产负债率。

表 5-12 1994~2010 年不同分配意愿上市公司资产负债率

	年份	1994	1995	1996	1997	1998	1999	2000	2001	2002
资产负债率	全部样本	47%	50%	50%	47%	46%	46%	46%	48%	49%
	分配样本	46%	48%	48%	46%	42%	43%	43%	46%	46%
	不分配样本	58%	60%	55%	49%	51%	50%	54%	55%	56%

	年份	2003	2004	2005	2006	2007	2008	2009	2010
资产负债率	全部样本	50%	52%	54%	55%	52%	70%	55%	55%
	分配样本	46%	49%	50%	51%	49%	71%	52%	54%
	不分配样本	58%	60%	63%	66%	66%	65%	67%	64%

无论分配公司还是不分配公司,其资产负债率均呈现增加的趋势,这说明上市公司存在利用负债增加公司规模的可能性。根据本章 5.1 盈利能力分析结果来看,上市公司盈利能力并没有出现明显减弱,因此,上市公司利用负债扩大规模,达到成长需求的意图是存在的。上市公司不再一味地依托股票融资,转而利用负债,这有利于债务资金的杠杆作用和约束作用的发挥,也反映出上市公司融资偏好渐趋理性的一面。

5 不同分配类型上市公司内部因素比较

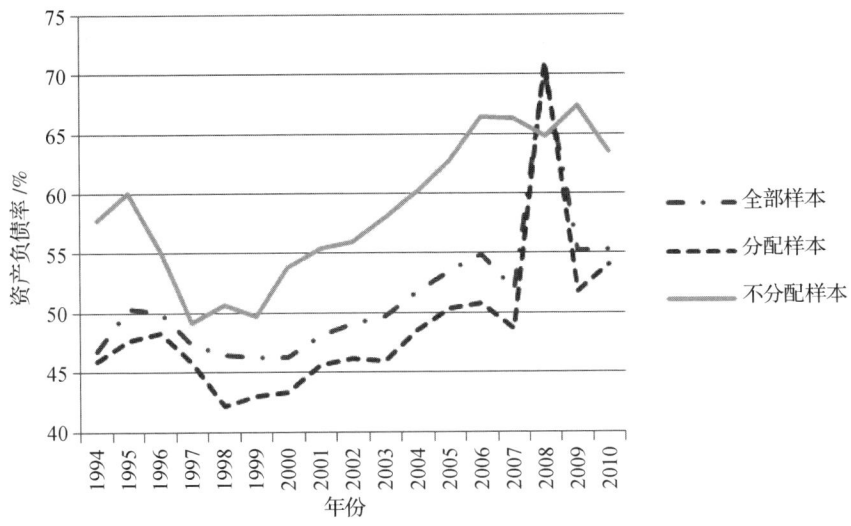

图5-16 不同分配意愿上市公司资产负债率的趋势比较

5.4.2 不同分配形式上市公司资产负债率比较

表5-13是1994~2010年现金股利、股票股利和转增股分配形式公司资产负债率均值统计表。本书根据表5-13的数据得到三种分配形式公司资产负债率的趋势变动。其中2008年现金股利、转增股分配形式公司资产负债率最高，分别达到71%、91%。这也是影响上文分析中2008年分配形式公司资产负债率较高的根本原因。2004年以前，三种分配形式上市公司资产负债率不相上下（图5-17），并没有哪种分配形式公司有较高的资产负债率。除了2008年以外，2005~2010年现金股利分配形式公司在三种分配形式公司中显示出较低的资产负债率。转增股与股票股利分配形式公司的资产负债率相对较高。现金股利分配形式公司由于采用现金支付，客观上会加大公司的资产负债率。但2005~2010年三种分配形式上市公司资产负债率的相反变化表明：转增股、股票股利分配形式上市公司在利用内部资金进行扩大股本的同时，还进一步利用负债资金扩大规模，并且由于资产负债率呈现整体上升，说明转增股、股票股利分配公司具有较高的成长性，或者说这些公司进行了大规模的投资。投资规模增加，公司在股利分配时，就倾向选择股票股利或者转增股。而现金股利分配形式上市公司资产负债率的上升，并不一定是公司成长性的表现。下文将进一步分析现金股利分配形式上市公司资产负债率的变化特点。

表5-13 1994~2010年不同分配形式上市公司资产负债率

	年份	1994	1995	1996	1997	1998	1999	2000	2001	2002
资产负债率	现金股利	49%	50%	48%	47%	43%	43%	43%	46%	46%
	股票股利	49%	52%	50%	45%	41%	46%	42%	45%	43%
	转增股	52%	55%	45%	46%	42%	41%	44%	43%	46%

续表

分配类型		2003	2004	2005	2006	2007	2008	2009	2010
资产负债率	现金股利	46%	49%	49%	51%	48%	71%	52%	54%
	股票股利	42%	49%	54%	56%	54%	59%	59%	57%
	转增股	46%	51%	56%	54%	57%	91%	57%	51%

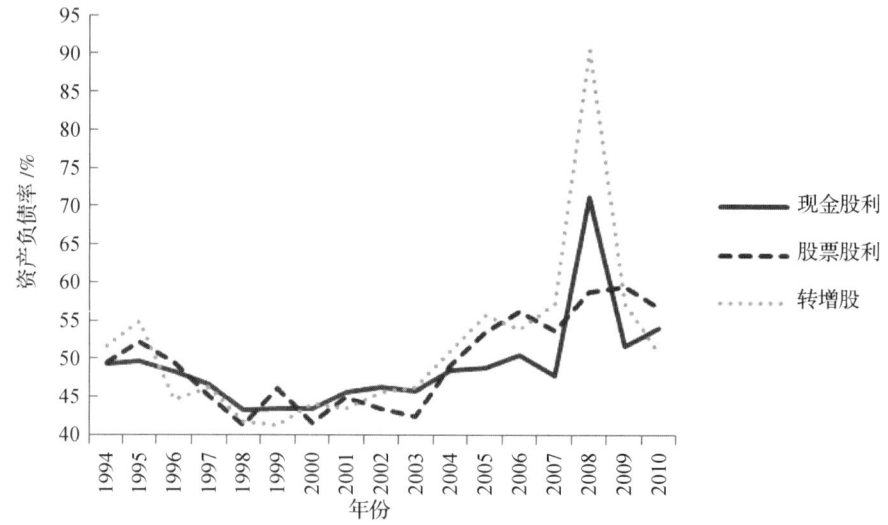

图 5-17 1994~2010 年不同分配形式上市公司资产负债率的趋势比较

5.4.3 现金股利分配形式上市公司资产负债率比较

表 5-14 是 1994~2010 年现金股利分配形式公司资产负债率的描述性统计值。图 5-18 是 1994~2010 年现金股利分配形式公司资产负债率十分位数趋势变化图。表 5-14 显示：1994~2010 年资产负债率的均值大体在 40% 上下变化；资产负债率标准差的波动区间在 0.14~0.20，各年变动相对比较稳定。十分位数的趋势变化也趋向稳定，各个分位数之间的差距基本保持稳定。这说明现金股利分配形式上市公司的资产负债率比较稳定，公司采用了相对稳定的财务政策。这些公司主要通过现金股利分配比例来调节公司成长性所需的资金。但这也不能排除这些公司利用增发配股获得发展所需的资金，从而使公司资产负债水平相对较为稳定。

表 5-14 1994~2010 年现金股利分配形式公司资产负债率描述性统计值

	年份	1994	1995	1996	1997	1998	1999	2000	2001	2002
资产负债率	样本数/家	188	149	139	179	223	272	619	637	557
	均值/%	39	43	45	41	37	40	40	39	40
	中值/%	38	42	46	40	37	38	39	39	40

续表

	年份	1994	1995	1996	1997	1998	1999	2000	2001	2002
资产负债率	众数/%	1	10	13	8	8	4	5	9	8
	标准差/%	16	16	14	15	15	18	14	15	15
	极小值/%	1	10	13	8	8	4	5	9	8
	极大值/%	86	88	88	89	77	171	86	130	83

	年份	2003	2004	2005	2006	2007	2008	2009	2010
资产负债率	样本数/家	533	642	550	603	676	731	813	1124
	均值/%	40	44	44	47	47	46	43	39
	中值/%	40	44	45	48	48	46	43	39
	众数/%	2	4	3	4	5	2	2	2
	标准差/%	16	16	17	17	16	17	19	20
	极小值/%	2	4	3	4	5	2	2	2
	极大值/%	87	92	89	87	87	94	91	88

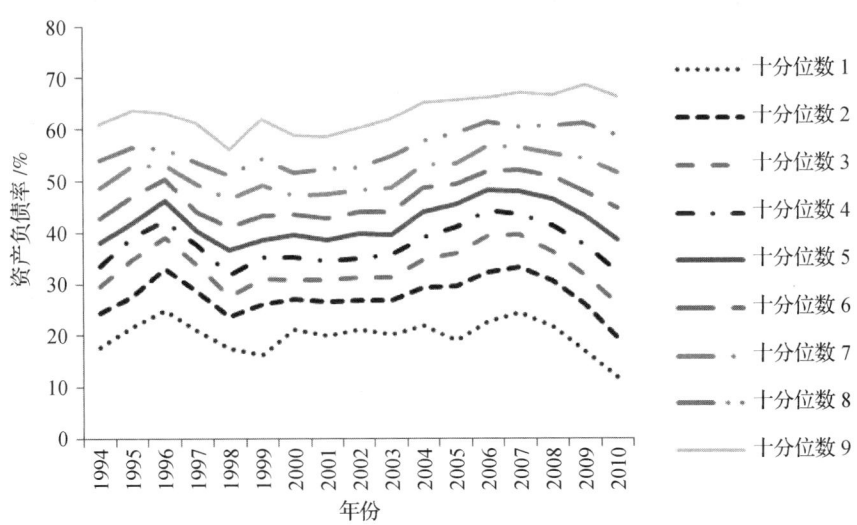

图 5-18　1994~2010 年现金股利分配形式公司资产负债率十分位数图

5.5 不同分配类型上市公司控股股东股权结构分析

股权结构是影响股利分配的一个重要因素。根据前文分析,2001年以后,沪深A股上市公司呈现加速成长性,与此同时公司的资产规模、盈利能力和资产负债率也随之变化,并且证监会半强制性分红政策是在2001年以后颁布并实施的。加之国泰安数据资料只提供了2003~2010年的股东数据,因此本节以2003~2010年数据分析上市公司的股权结构特征。

5.5.1 全部样本上市公司控股股东股权结构分析

5.5.1.1 第一大股东持股比例分析

表5-15是2003~2010年第一大股东持股比例的描述性统计资料。图5-19是2003~2010年第一大股东持股比例的四分位数趋势图。表5-15显示2003~2010年第一大股东持股比例最大值为86.49%,最小值为3.64%,四分位数1为25.63%。La Porta(1999)认为当股东持股拥有20%股权就能对公司实施有效控制。本书所采用的全部样本公司中有75%的公司第一大股东持股比例均超过25.63%。因此,本书以第一大股东作为控股股东进行股利分配研究。由于股权分置改革的实施,2006年上市公司第一大股东持股比例开始降低(表5-15),全部样本公司第一大股东持股比例均值从2003年的43.07%下降到2010年的36.02%。尽管样本公司第一大股东持股比例均值有所下降,但是样本公司持股比例分布却呈现相对稳定:2003~2010年第一大股东持股比例的峰度均为负数,这说明第一大股东的分布较为平坦,即第一大股东持股比例分布比较均匀。第一大股东持股比例的四分位数趋势图5-19也进一步证明了这一特点。2003~2010年第一大股东持股比例四分位数1、2、3呈现较为稳定的分布关系,特别是2006~2010年第一大股东持股比例四分位数之间的距离渐趋稳定:25%的控股股东拥有50%以上的股权,25%的控股股东拥有35%~50%的股权,25%的控股股东拥有25%~35%的股权。控股股东持股比例决定了控股股东对上市公司的控制程度。上市公司第一大股东四分位数1、2、3的稳定分布关系表明第一大股东对于上市公司的控制力度存在三种情况:绝对控制、相对控制和制衡控制。

表5-15 2003~2010年第一大股东持股比例的描述性统计

年份	2003~2010	2003	2004	2005	2006	2007	2008	2009	2010
样本数/家	10 685	1 123	1 205	1 201	1 248	1 329	1 370	1 437	1 772
均值/%	38.01	43.07	42.27	40.61	36.17	35.86	36.35	35.97	36.02
中值/%	35.98	41.80	40.27	38.44	33.90	34.06	35.10	33.96	34.11
众数/%	29	29	29	29	28.58[a]	30[a]	30[a]	30	29.9

续表

年份	2003~2010	2003	2004	2005	2006	2007	2008	2009	2010
偏度/%	0.373	0.16	0.226	0.302	0.444	0.389	0.35	0.405	0.425
峰度/%	-0.59	-0.983	-0.953	-0.893	-0.443	-0.421	-0.49	-0.382	-0.333
极小值/%	3.64	6.14	6.14	6.14	5.18	4.83	4.49	3.64	3.64
极大值/%	86.49	85.00	85.00	84.98	83.75	86.29	86.42	86.20	86.49
四分位数1/%	25.63	28.99	28.83	28.00	24.40	23.98	24.34	24.04	23.80
四分位数2/%	35.98	41.8	40.27	38.44	33.90	34.06	35.10	33.96	34.11
四分位数3/%	50.08	57.22	56.74	54.32	47.39	47.27	47.94	47.64	47.16

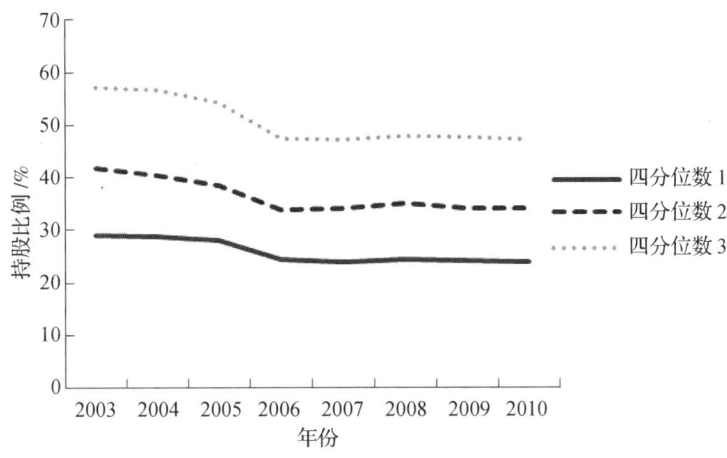

图 5-19 2003~2010 年第一大股东持股比例四分位数趋势变化图

5.5.1.2 第一大股东股权性质分析

根据股票的投资主体不同，股东性质分为国家股股东、法人股股东、个人股股东和外资股股东。国家股是有权代表国家投资的部门或机构以国有资产向公司投入而形成的股份。国家股通常由国务院授权的部门或机构持有，并向公司委派股权代表。法人股是指企业法人依法以其可支配的资产向公司投入而形成的股份，或具有法人资格的事业单位和社会团体以国家允许用于经营的资产向公司投入而形成的股份。个人股是社会个人或公司职工以个人合法财产投入本公司而形成的股份。外资股是指外国和我国港澳台地区投资者购买的人民币特种股票（B股）。根据股票流通与否，股东性质分为流通股股东和非流通股股东。股票市场发展初期规定：国有股和法人股不得上市交易，于是形成流通股与非流通股的区别。

表 5-16 显示：2003~2010 年沪深 A 股全部样本公司 10 685 家，国家股控股公司 1 682 家，法人股控股公司 8 040 家，个人和外资股控股公司 963 家。法人股控股公司所占比例最高，达到 75%。在 8 040 家法人股控股公司中有 3 626 家属于国有股控股公

司，占全部样本公司的34%。本书扣除法人股控股公司中国有股控股公司，重新统计不同投资主体上市公司所占比例，得到表5-17。其中，国家股、国有股50%，法人股41%，个人和外资股9%。由于样本数据不包括金融类上市公司，因此，在41%的法人股控股公司中，投资主体基本上是非金融类企业。这意味着上市公司基本上属于内部人控制。个人股和外资股持有者通常又是公司的经营者，所以这两类投资主体掌控的上市公司也属于内部人控制。因此，国有股与非国有股是股权性质的重要特征。

表5-16 2003~2010年按投资主体分类上市公司数统计

分类	上市公司数/家	占样本公司的比例/%
国家股	1 682	16
法人股	8 040	75
其中：国有股	3 626	34
个人股	781	7
外资股	182	2
合计	10 685	1.00

表5-17 2003~2010年调整后的投资主体分类上市公司数统计

分类	上市公司数/家	所占比例/%
国家股、国有股	5 308	50
扣除国有股后法人股	4 414	41
个人股	781	7
外资股	182	2
合计	10 685	1.00

表5-18是上市公司股票流通与否的统计。统计结果显示29%的公司属于流通股，71%的公司属于非流通股。随着股权分置改革的全面完成，流通股比例还将持续上升。2003~2010年正好涵盖了股权分置改革。股票是否流通，将直接关系股东投资收益来源的差异。因此，流通与否也是股权性质的一个重要特征。

综上所述，国有与非国有、流通与非流通是上市公司股权性质的主要特征。

表5-18 2003~2010年按股票流通与否分类上市公司数统计

分类	上市公司数/家	所占比例/%
流通股	3 125	29
非流通股	7 560	71
合计	10 685	1.00

5.5.2 不同分配意愿上市公司控股股东股权结构分析

5.5.2.1 第一大股东持股比例分析

表5-19是2003~2010年不同分配意愿上市公司第一大股东持股比例均值统计资料。2003~2010年股利分配上市公司第一大股东持股比例均值在40%左右，不分配上市公司第一大股东持股比例均值为30%~40%。股利分配公司第一大股东持股比例高出不分配公司5~7个百分点。但整体而言，不分配公司与分配公司第一大股东持股比例并无大的差异。

表5-19 2003~2010年不同分配意愿上市公司第一大股东持股比例 %

	年份	2003	2004	2005	2006	2007	2008	2009	2010
持股比例	分配公司	46.33	45.27	41.74	38.87	38.37	39.12	38.63	38.05
	不分配公司	39.64	38.56	38.78	33.13	32.29	32.77	31.93	31.89
	样本公司	43.07	42.27	40.61	36.17	35.86	36.35	35.97	36.02

5.5.2.2 第一大股东股权性质分析

表5-20是2003~2010年股利分配公司与不分配公司中国有股与非国有股控股公司数占全部样本公司数的比例。2003~2010年国有股与非国有股控股上市公司数呈现明显的趋势变化：国有股控股上市公司数在逐渐减少，非国有股控股上市公司数在逐渐增加。从国有股控股公司来看，2003~2010年分配公司比例高于不分配公司比例。从非国有股控股公司来看，2005~2010年的分配意愿高于2003~2004年的分配意愿。

表5-20 2003~2010年不同分配意愿中国有股与非国有股控股公司数比例

	年份	2003	2004	2005	2006	2007	2008	2009	2010
不分配公司	国有股控股公司数比例/%	31	26	24	26	22	24	12	7
	非国有股控股公司数比例/%	17	19	14	21	19	20	28	26
分配公司	国有股控股公司数比例/%	38	37	37	33	35	30	19	14
	非国有股控股公司数比例/%	14	18	25	20	24	27	42	53

表5-21是2003~2010年不同分配意愿上市公司中流通股与非流通股控股公司数占全部样本公司数的比例。随着股权分置改革，流通股控股公司的比例呈现明显增加。从流通股来看，分配公司数的比例与不分配公司数的比例相比呈现较快增长，这表明流通股公司的分配意愿在上升。从非流通股比例来看，分配公司数的比例也始终高于不分配公司数的比例。因此，表5-21并没有反映出流通股与非流通在分配意愿上存在明显差异。

表 5-21 2003~2010 年不同分配意愿上市公司中流通股与非流通股公司数比例

	年份	2003	2004	2005	2006	2007	2008	2009	2010
不分配公司	流通股公司数比例/%	1	1	1	3	14	21	27	24
	非流通股公司数比例/%	48	43	37	44	27	23	13	09
分配公司	流通股公司数比例/%	1	1	2	6	20	25	34	35
	非流通股公司数比例/%	50	55	60	47	39	31	27	32

5.5.3 不同分配形式上市公司控股股东股权结构分析

5.5.3.1 第一大股东持股比例分析

根据股利分配方案中是否有现金股利、股票股利和转增股为标准，股利分配分别划分为现金股利分配形式、股票股利分配形式和转增股分配形式。本书将 2003~2010 年不同分配形式公司第一大股东持股比例均值汇总形成表 5-22。2003~2010 年现金股利分配形式公司第一大股东持股比例均高于转增股和股票股利分配形式公司，历年现金股利分配形式公司第一大股东持股比例的平均数达到 41.63%。2004~2008 年转增股分配形式公司第一大股东持股比例高于股票股利分配形式公司，而 2003 年、2009~2010 年股票股利分配形式公司第一大股东持股比例高于转增股分配形式公司。2003~2010 年历年转增股和股票股利分配形式公司第一大股东持股比例的平均数分别为 37.64% 和 37.73%，两者相差不大。而现金股利分配形式公司第一大股东持股比例的平均数比转增股、股票股利分配形式公司第一大股东持股比例的平均数高了近 4 个百分点。

表 5-22 不同分配形式公司第一大股东持股比例均值比较　　　　%

	年份	2003~2010	2003	2004	2005	2006	2007	2008	2009	2010
持股比例均值	现金股利	41.63	46.67	45.54	45.54	39.47	39.32	39.43	38.82	38.28
	转增股	37.64	41.41	43.33	36.79	34.77	35.60	36.36	36.79	36.10
	股票股利	37.73	42.83	41.31	40.04	33.08	35.29	35.50	37.99	35.76

5.5.3.2 第一大股东股权性质分析

无论是现金分配形式，还是转增股和股票股利分配形式公司，国有股与非国有股控股公司的分布趋势基本一致（表 5-23）：国有股控股公司数的比例在逐步减少，非国有股控股公司数的比例在逐步上升。在现金股利分配形式中，2003~2008 年国有股控股公司数占了大部分比例，2009~2010 年则是非国有股控股公司占据了主要比例；在股票股利分配形式中，2003~2004 年国有股控股公司数较多，2005~2010 年则是非国有股控股公司占据了大多数比例；在转增股分配形式中，2003~2005 年国有股控股公司数居多，2006~2010 年则是非国有股控股公司数居多。从国有股与非国有股在三种不同形式中的比例变化来看，非国有股控股公司在股利分配中的影响力逐步扩大。

表 5-23 不同分配形式中国有股与非国有股公司数比例

	年份	2003	2004	2005	2006	2007	2008	2009	2010
现金股利	国有股公司数比例/%	74	68	65	64	62	53	31	20
	非国有股公司数比例/%	26	32	35	36	38	47	69	80
股票股利	国有股公司数比例/%	65	58	41	43	49	45	21	19
	非国有股公司数比例/%	35	42	59	57	51	55	79	81
转增股	国有股公司数比例/%	67	58	52	41	47	31	22	15
	非国有股公司数比例/%	33	42	48	59	53	69	78	85

表 5-24 是现金股利、股票股利和转增股分配形式公司中流通股与非流通股控股公司数所占各种分配形式的比例。从 2003～2010 年的趋势变化来看，流通股控股公司在三种分配形式中的比例均明显提高。在三种分配形式中，流通股与非流通控股公司数比例呈现截然不同的分配特点。流通股控股公司更倾向于支付现金股利和股票股利；而非流通股控股公司则倾向于转增股。

表 5-24 不同分配类型中流通股与非流通股公司数比例

	年份	2003	2004	2005	2006	2007	2008	2009	2010
现金股利	流通股公司数比例/%	2	1	3	12	34	45	56	52
	非流通公司数比例/%	98	99	97	88	66	55	44	48
股票股利	流通股公司数比例/%	2	0	1	18	31	44	63	61
	非流通公司数比例/%	98	1 00	99	82	69	56	37	39
转增股	流通股公司数比例/%	2	1	2	14	30	24	42	30
	非流通公司数比例/%	98	99	98	86	70	76	58	70

5.5.4 现金股利分配形式上市公司控股股东股权结构分析

表 5-25 是现金股利分配形式公司第一大股东持股比例的描述性统计数据。以股权分置改革为分界点，2003～2005 年第一大股东持股比例为 46% 左右，2006～2010 年第一大股东持股比例为 39% 左右。与全部样本公司峰度类似，现金股利分配形式公司的峰度也均为负。这说明现金股利分配形式公司的第一大股东持股比例相对稳定。现金分配形式公司第一大股东持股比例的四分位数趋势变化（图 5-20）也证明了这一点。并且 2006～2010 年这种股权结构分布相对更为稳定：25% 的公司持股比例超过 50%，25% 的公司持股比例在 38%～50%，25% 的公司持股比例在 26%～38%。第一大股东持股的集中程度明显地分布在三个区间。现金股利分配形式公司的股权性质在上文已经

讨论，这里不再进行分析。

表 5-25 现金股利分配形式第一大股东持股比例描述性统计

年份	2003	2004	2005	2006	2007	2008	2009	2010
样本数/家	533	642	642	603	676	731	813	1 124
均值/%	46.67	45.54	45.54	39.47	39.32	39.43	38.82	38.28
中值/%	47.48	45.66	45.66	38.77	39.31	39.14	38.16	37.50
众数/%	75.00	75.00	75.00	16.63	48.75	48.75	29.00	23.25
标准差/%	17.28	16.84	16.84	15.09	14.89	15.12	15.46	15.55
偏度/%	-0.09	-0.01	-0.01	0.25	0.25	0.23	0.32	0.36
峰度/%	-0.90	-0.92	-0.92	-0.48	-0.40	-0.55	-0.50	-0.42
极小值/%	6.14	6.14	6.14	5.18	5.18	6.47	6.54	3.69
极大值/%	85.00	85.00	85.00	83.75	86.29	86.42	86.20	86.49
四分位数 1/%	31.03	30.48	30.48	27.49	27.48	27.40	26.31	25.49
四分位数 2/%	47.48	45.66	45.66	38.77	39.31	39.14	38.16	37.50
四分位数 3/%	60.38	59.21	59.21	50.52	50.03	50.23	50.04	49.83

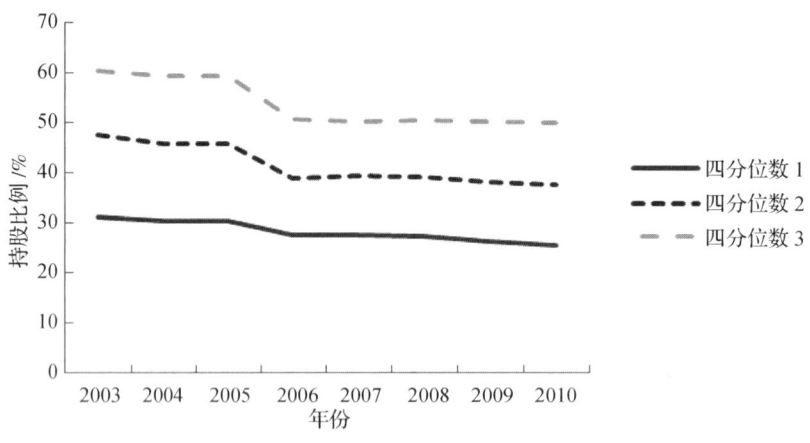

图 5-20 现金股利分配形式第一大股东持股比例四分位数趋势图

5.6 不同分配类型上市公司内部因素小结

本章基于公司成长性角度，研究了股利分配内部影响因素的变化特点。通过趋势分析与比较得到如下结论。

5 不同分配类型上市公司内部因素比较

(1) 盈利能力

每股盈余、权益报酬率和资产报酬率是反映盈利能力的三个指标。三个指标均显示，股利分配上市公司的盈利状况明显好于不分配上市公司的盈利状况。并且权益报酬率和资产报酬率的变化趋势一致，因此，两者对于股利分配与否的解释应该是一致的。值得注意的是1998~2000年分配公司的权益报酬率为11%，显示出分配公司为了达到10%最低配股要求做出了精心安排。近年来，随着公司盈利能力的提高，以及配股要求的权益收益率降低到6%，上市公司无须精心设计就可达到权益报酬率要求。而半强制性分红政策就成为公司能否获得配股资格的关键制度因素。为了保留配股资格，公司是会选择股利分配。为此，本书提出以下假设。

假设1：盈利能力是影响公司分配与否的因素，盈利能力越强，分配意愿越大。

假设1a：资产报酬率与每股盈余对公司分配与否的影响无差异。

假设2：半强制性分红政策是影响公司分配与否的因素。

现金股利分配形式公司、股票股利分配形式公司和转增股分配形式公司的盈利能力存在一定差别。每股盈余、权益报酬率和资产报酬率的统计指标显示：股票股利分配形式上市公司盈利能力明显好于现金股利、转增股分配形式上市公司，而现金股利分配形式与转增股分配形式公司的盈利能力基本一致。这说明通过股票股利扩张股本、增加投资为上市公司带来更大的收益。

每股盈余指标趋势变化显示，现金股利和股票股利分配形式公司盈利能力的变化趋势一致，而转增股分配形式公司盈利波动明显增强。权益收益率指标趋势变化显示，现金股利和股票股利分配形式公司盈利能力的变化趋势一致，但股票股利分配形式公司的收益波动小于现金股利分配形式；转增股分配形式公司权益收益率呈现W形变化，这说明通过资本公积金转增形式扩大股本对于股东而言，收益水平并不稳定。资产收益率指标趋势变化显示，股票股利资产收益率波动最小，现金股利次之，资本公积金转增股分配形式扩张股本明显影响公司的收益水平。

现金股利分配形式公司每股盈余相对权益收益率和资产报酬率而言上升趋势十分明显。这说明现金股利分配形式公司同时具有一定的成长性。所有者权益、公司规模的增长，使公司的权益收益率和资产报酬率呈现一定的波动增长。为此，本书提出以下假设。

假设3：盈利影响上市公司股利分配形式，且盈利能力越强，三种分配形式的分配意愿越强。

(2) 成长性

股利分配公司的成长性高于不分配公司的成长性。但现金股利、股票股利、转增股分配形式公司成长性并不具有相对稳定的变化规律。三种分配形式公司在1994~2010年中均有最高的成长率。现金分配形式的公司中有10%的公司是负增长，40%的公司保持稳定增长，而其余公司呈现加速增长。对于成长性公司而言，留存收益是其投资的主要资金来源。因此利用转增股、股票股利就成为公司发展的必要手段。为此，本书提出以下假设。

假设4：公司成长性越高，公司股利分配的可能性越大。

假设4a：资产增长率不影响现金股利的分配意愿。

假设4b：资产增长率影响股票股利的分配意愿，且资产增长率越高，股票股利分配意愿越强。

假设4c：资产增长率影响转增股的分配意愿，且资产增长率越高，转增股分配意愿越强。

（3）资产规模

股利分配公司比股利不分配公司具有更大的规模，并且股利分配公司资产规模增加明显快于不分配公司的资产规模增加。除了2008年以外，现金股利分配形式公司的规模均大于股票股利和转增股分配形式公司，且现金股利分配形式公司的规模差距进一步扩大。而实施股票股利和转增股公司的规模变化没有现金股利分配形式的规模变化大。为此，本书提出以下假设。

假设5：公司规模越大，公司股利分配的可能性越大。

假设5a：上市公司的规模越大，现金股利分配的可能性就越大。

假设5b：上市公司的规模与股票股利分配意愿无关。

假设5c：上市公司的规模与转增股分配意愿无关。

（4）资产负债率

除了2008年以外，不分配公司的资产负债率明显高于分配公司的资产负债率。无论分配公司还是不分配公司，资产负债率均呈现增加的趋势，这说明上市公司存在利用负债增加公司规模的可能性。2004年以前，三种分配形式公司资产负债率不相上下，并没有哪种分配形式公司有较高的资产负债率。除了2008年以外，2005~2010年现金股利分配形式公司在三种分配形式公司中显示出较低的资产负债率，且现金股利分配形式的上市公司资产负债率比较稳定，转增股与股票股利分配形式公司的资产负债率相对较高。为此，本书提出以下假设。

假设6：公司资产负债率越大，公司股利分配的可能性越小。

假设6a：资产负债率越大，现金股利的分配意愿越小。

假设6b：资产负债率越大，股票股利的分配意愿越大。

假设6c：资产负债率越大，转增股的分配意愿越大。

（5）控股股东的股权结构

第一大股东持股比例分布比较均匀，且其对上市公司的控制力度存在三种情况：绝对控制、相对控制和制衡控制。国有股与非国有股、流通股与非流通股是股权性质的重要特征。

股利分配公司第一大股东持股比例高出不分配公司5~7个百分点。国有控股公司中，分配公司比例高于不分配公司比例。非国有控股公司的分配意愿近年来有所提高。流通股与非流通股公司在分配意愿上存在明显差异。

现金股利分配形式公司第一大股东持股比例的平均数比转增股、股票股利分配形式公司第一大股东持股比例的平均数高了近4个百分点。非国有控股公司在股利分配中的影响力逐步扩大。流通股控股公司更倾向于支付现金股利和股票股利；非流通股控股公司则倾向于支付转增股。现金股利分配形式公司的第一大股东持股比例相对稳定。为此，本书提出以下假设。

假设7：国有股控股公司的分配意愿强。

假设7a：是否国有控股不影响现金股利、股票股利、转增股分配意愿。

假设8：流通与否影响公司的分配意愿。

假设8a：流通与否影响现金股利、股票股利、转增股分配意愿。

6 控股股东对上市公司股利分配意愿影响的实证分析

第 4、第 5 章分别对上市公司股利分配情况和影响公司股利分配的内部因素进行了描述性统计分析,本章主要通过实证检验验证相关假设,以期从公司成长角度出发,分析控股股东对于公司是否分配的决策动因。本章主要利用 OLS 方法验证半强制性分红制度对上市公司分配与否的影响,并利用 Fama 和 French[28] 的统计方法检验公司内部因素对上市公司分配与否的影响。

6.1 样本数据

由于证监会对于上市公司分红规定的相关制度主要是从 2001 年 2 月开始陆续出台的,并且为了揭示控股股东对于股利分配的决策动因,本书根据国泰安数据的资料,确定 2003～2010 年作为上市公司是否分配以及分配多少的实证研究时间窗口。与前文描述性统计分析一样,在分析公司是否采取分配决策的时候,本书同样扣除金融类(含房地产)和公用事业类上市公司,于是得到 2003～2010 年 10 685 个样本公司,扣除 ST、*ST 公司 916 家,扣除新旧行业划分不明确的公司 352 家,共得到样本数据 9 417 家。各年样本数据分布见表 6-1。本上根据 2003 年十类行业划分标准,统计 9 417 家样本公司在八类行业的分布数据,见表 6-2。

表 6-1　2003～2010 年 9 417 家样本数据的分布　　　　　单位:家

年份	沪市样本公司数	深市样本公司数	深主板样本公司数	深非主板样本公司数	小计
2003	596	344	344	0	940
2004	635	384	346	38	1 019
2005	637	399	350	49	1 036
2006	623	436	336	100	1 059
2007	614	516	320	196	1 130
2008	667	605	340	265	1 272

续表 单位：家

年份	沪市样本公司数	深市样本公司数	深主板样本公司数	深非主板样本公司数	小计
2009	646	677	326	351	1 323
2010	650	988	321	667	1 638
合计	5 068	4 349	2 683	1 666	9 417

表 6-2 2003~2010 年 9 417 家样本数据的行业分布 单位：家

行业代码	行业名称	样本数
行业 1	电信	293
行业 2	信息技术	891
行业 3	健康护理	763
行业 4	主要消费	734
行业 5	可选消费	1 637
行业 6	工业	2 549
行业 7	原材料	2 261
行业 8	能源	289
合计		9 417

6.2 研究变量及其说明

（1）因变量

本章主要研究上市公司分配与否的影响因素。因变量为公司是否分配（Y_1）：如果公司进行了分配，则 $Y_1=1$；如果公司不分配，则 $Y_1=0$。本章公司分配与否的标准与前文一致，即上市公司采用了现金股利、股票股利或者转增股中任何一种分配形式或者以上几种分配形式的组合分配均认为实施了分配，即 $Y_1=1$；反之，就认为不分配，即 $Y_1=0$。

（2）解释变量

X_1：证监会是否实施了半强制性分红。若样本数据所在该年份证监会已出台 20% 分红比例，或者 30% 的现金分红最低限，则 $X_1=1$，否则 $X_1=0$。

X_2：公司的盈利能力。本章分别以每股利润和资产报酬率来代表。

X_3：公司的成长性指标。本章用资产增长率来代表，即

$$X_3 = （年末资产总额 - 年初资产总额）/年初资产总额。$$

X_4：公司的资产负债率，即

$$X_4 = \frac{负债平均值}{资产平均值}。$$

X_5：公司规模的对数。即 $X_5 = \ln$ 资产。

X_6：第一大股东持股比例。

X_7：第一大股东持股比例的平方。

X_8：是否是国有股，若第一大股东是国有股，则 $X_8 = 1$，否则 $X_8 = 0$。

X_9：是否是流通股，若第一大股东是流通股，则 $X_9 = 1$，否则 $X_9 = 0$。

（3）控制变量

行业$_j$：是否属于某一个行业。$j = 1, 2, \cdots, 7$。

若属于电信行业，则行业$_1 = 1$，否则行业$_1 = 0$。

若属于信息技术行业，则行业$_2 = 1$，否则行业$_2 = 0$。

若属于健康护理行业，则行业$_3 = 1$，否则行业$_3 = 0$。

若属于主要消费行业，则行业$_4 = 1$，否则行业$_4 = 0$。

若属于可选消费行业，则行业$_5 = 1$，否则行业$_5 = 0$。

若属于工业行业，则行业$_6 = 1$，否则行业$_6 = 0$。

若属于原材料行业，则行业$_7 = 1$，否则行业$_7 = 0$。

6.3 研究假设的提出

本书第 5 章描述性统计中提出如下假设。

假设 1：盈利能力是影响公司分配与否的因素，盈利能力越强，分配意愿越大。

假设 1a：资产报酬率与每股盈余对公司分配与否的影响无差异。

假设 2：半强制性分红是影响公司分配与否的因素。

假设 4：公司成长性高，公司股利分配的可能性越大。

假设 5：公司规模越大，公司股利分配的可能性越大。

假设 6：公司资产负债率越大，公司股利分配的可能性越小。

假设 7：国有股控股公司的分配意愿强。

假设 8：流通与否影响公司的分配意愿。

另外，从文献综述 2.3.4 节股权集中度的分析来看，国内外大多数研究结果显示现金股利与股东持股比例呈现 U 形变化关系，并且股利的自由现金流量假说和利益侵占假说均能解释上市公司分配与否的决策。因此，股东持股比例与公司分配与否之间可能并不是线性关系。为此，本书提出以下假设。

假设 9：第一大股东持股比例与公司分配意愿之间存在 U 形关系。

6.4 研究设计

公司分配意愿影响因素的实证研究分为两个部分：第一部分主要验证半强制性分红

制度对于公司分配意愿的影响;第二部分从公司成长性角度出发研究控股股东对于公司是否分配决策的动因分析。

6.4.1 半强制性分红制度对公司分配意愿的实证设计

半强制性分红制度对公司分配意愿的实证研究,以 2003～2010 年截面样本数据为研究对象,通过 Logistic 回归模型,分析半强制性分红制度对公司是否分配决策的影响。实证研究为了全面揭示半强制性分红制度对公司是否分配决策的影响,采用三个模型进行检验:首先,建立仅考虑半强制性分红和公司经营情况因素的模型 1,即公式(6.1);其次,在模型 1 的基础上,加入第一大股东持股比例及其平方,建立实证检验模型 2,即公式(6.2);最后,在模型 2 的基础上,加入第一大股东性质因素,建立实证检验模型 3,即公式(6.3),通过逐步增加因素的回归检验方法,验证半强制性分红制度和其他公司内部因素对公司分配意愿的影响。

回归模型如下:

模型 1:
$$Logit(p^1) = a + b_1X_1 + b_2X_2 + b_3X_3 + b_4X_4 + b_5X_5 + \sum_{j=1}^{7}行业_j \tag{6.1}$$

模型 2:
$$Logit(p^2) = a + b_1X_1 + b_2X_2 + b_3X_3 + b_4X_4 + b_5X_5 + b_6X_6 + b_7X_7 + \sum_{j=1}^{7}行业_j \tag{6.2}$$

模型 3:
$$Logit(p^3) = a + b_1X_1 + b_2X_2 + b_3X_3 + b_4X_4 + b_5X_5 + b_6X_6 + \\ b_7X_7 + b_8X_8 + b_9X_9 + \sum_{j=1}^{7}行业_j \tag{6.3}$$

其中:
$$Logit(p) = ln\frac{p}{1-p},$$
$$p = P(y_1 = 1) = F(\beta_iX_i + \sum_{j=1}^{7}行业_j) \tag{6.4}$$

6.4.2 内部因素对公司分配意愿影响的实证设计

第二部分从公司成长性角度出发,验证公司内部因素对公司是否分配决策的影响。第二部分检验参考了 Fama 和 French 的统计检验方法:首先,分别以 2003～2010 年各年截面数据为基础,利用 Logistic 回归模型,得到各年公司内部因素与是否分配决策因变量之间的回归系数,然后确定公司内部因素的回归系数在 2003～2010 年的样本均值以及样本均值的标准误,其次根据各年回归系数的均值和均值的标准误确定 Z 统计量,最后通过标准正态分布表确定 z 统计量的显著水平,从而得到各相关因素对公司是否分配决策的影响重要度,根据重要度的大小判断公司内部因素是否影响公司分配意愿以及影响程度的大小。

回归检验公式如下：

$$Logit(P) = a + b_1 盈利能力 + b_2 资产负债率 + b_3 投资增长率 +$$
$$b_4 资产规模的对数 + b_5 第一大股东持股比例 +$$
$$b_6 第一大股东持股比例的平方 + b_7 是否国家股 +$$
$$b_8 是否流通股 + \sum_{j=1}^{7} 行业_j \tag{6.5}$$

$$z = \frac{2003 - 2010 年 b 的均值}{均值的标准误} \tag{6.6}$$

其中，$Logit(P)$ 的含义同公式（6.4）。

由于盈利能力通常有两种方式来代表，一是从股东角度出发的每股利润，二是从公司角度出发的资产报酬率。国外研究文献中显示，每股利润更能传达公司盈利的信息。而我国由于公司规模扩张速度较快，资产报酬率对公司分配意愿的影响研究，有利于公司决策的科学性。因此，在本章上市公司分配意愿的实证检验中，就每股利润与资产报酬率对公司是否分配的影响，进行分别检验。以此，验证两个因素对于公司分配决策的影响规律。因此，公司内部因素影响分配决策的实证检验在内容上具体分为：

①以每股利润代表公司盈利能力的实证检验；
②以资产收益率代表公司盈利能力的实证检验；
③公司内部因素的稳定性检验。

6.5 实证结果与分析

6.5.1 半强制性分红对公司分配意愿的影响

表 6-3 是半强制性分红政策对公司分配与否的实证检验结果。模型 1、2、3 的实证结果显示在 1% 统计水平下，半强制性分红政策显著影响公司分配与否的决策，且与分配与不分配意愿呈现负相关关系。也就是说，随着半强制分红政策的出台，上市公司的分配意愿反而下降了。在前文分析中，我们看到，公司进行现金分红的比例仅仅占了公司盈利的很小一部分。并且 2007 年以来，现金股利的十分位数 5 为 30%，即半数以上公司现金分配比例达到公司净利润的 30%。从公司盈利角度出发，半强制性分红制度对于企业的盈利能力而言是很容易达到的。上市公司完全没有必要为了达到半强制性分红的条件而分红。所以，公司是否分配的决策更多地会从公司经营需要出发进行决策。近年来我国上市公司也呈现了"股利消失"的现象。显然，单纯的半强制性分红对于上市公司分配意愿的约束性明显降低了。因此，证监会希望通过配股资格的约束来达到促进上市公司分配的目的并没有完全实现。但在模型 1、2、3 中半强制性分红对于公司分配是否影响的回归系数分别为 -0.446、-0.394 和 -0.302，均不足 0.5。显然，除了半强制性分红制度以外，公司内部因素对公司分配意愿具有更大的影响。

表6-3 是否实施半强制性分红制度对分配意愿影响的实证结果

变量	模型1 B	模型1 Sig.	模型2 B	模型2 Sig.	模型3 B	模型3 Sig.
是否强制性分红	-0.446***	0.000	-0.394***	0.000	-0.302***	0.000
第一大股东持股比例			1.839**	0.044	1.873**	0.022
第一大股东持股比例的平方			-1.404	0.158	-1.365	0.172
是否是国家股					-0.166**	0.004
是否流通					-0.287***	0.000
每股利润	4.049***	0.000	4.008***	0.000	3.959***	0.000
资产负债率	-2.728***	0.000	-2.694***	0.000	-2.708***	0.000
资产增长率	1.147***	0.000	1.141***	0.000	1.095***	0.000
资产规模的对数	0.416***	0.000	0.4***	0.000	0.433***	0.000
常量	-7.828***	0.000	-8.008***	0.000	-8.620***	0.000
行业1	-0.280	0.227	-0.254	0.276	-0.282	0.306
行业2	0.128	0.523	0.170	0.400	0.244	0.355
行业3	0.152	0.457	0.187	0.363	0.108	0.281
行业4	-0.050	0.804	-0.025	0.900	-0.044	0.965
行业5	0.192	0.314	0.226	0.240	0.137	0.169
行业6	0.300	0.110	0.309	0.103	0.242	0.068
行业7	0.051	0.788	0.059	0.755	-0.007	0.624
模型系数综合检验卡方	3 429.441		3 447.212		3 470.687	
模型系数综合检验的Sig.	0.000		0.000		0.000	
Nagelkerke R方	0.419		0.421		0.423	
百分比校正	80.1		80.2		80.2	

注：***、**、*分别代表在1%、5%和10%统计水平下显著，以下文中该符号含义相同。

国家股在5%统计水平下，流通股在1%统计水平下，与公司分配意愿呈现负相关关系，即第一大股东为国家股或者是流通股，公司的分配意愿比较低。在1%统计水平下，每股利润、资产规模和增长率显著影响公司是否分配决策，且与分配意愿呈现正相关关系，即公司盈利能力越好，公司分配的可能性越大；公司的规模越大，公司分配的意愿也越强；公司的投机机会越多，公司分配的意愿越强。在1%统计水平下，资产负债率与分配意愿呈现负相关关系，即资产负债率越高，公司的分配意愿越低。在5%统计水平下，第一大股东持股比例与公司分配意愿呈现正相关关系，即第一大股东持股比例越高，公司分配意愿就越高。而第一大股东持股比例的平方并不影响公司分配意愿。也就是说，第一大股东持股比例与公司分配意愿之间并不存在所谓的U形关系。行业因素对公司分配与否没有影响。

表6-1显示在2003~2010年9 417个样本中有5 068个沪市样本数据,是横截面样本的主体。深市样本为4 349个,其中深市主板样本2 683个,非主板样本1 666个。为了进一步验证半强制性分红政策对公司分配与否影响的稳定性,本书将占有比例较大的沪市上市公司样本剔除,分别对深市主板和深市非主板样本数据重新进行以上的实证检验。回归结果见表6-4和表6-5。

表6-4 深市主板市场半强制性分红制度对分红意愿影响的回归结果

变量	模型1		模型2		模型3	
	B	Sig.	B	Sig.	B	Sig.
是否强制性分红	-0.604***	0.000	-0.504***	0.000	-0.434***	0.000
第一大股东持股比例			2.715*	0.062	2.604*	0.076
第一大股东持股比例的平方			-1.900	0.287	-1.794	0.316
是否是国家股					-0.004	0.967
是否流通					-0.153	0.208
每股利润	3.294***	0.000	3.166***	0.000	3.151***	0.000
资产负债率	-2.905***	0.000	-2.879***	0.000	-2.898***	0.000
资产增长率	0.502*	0.076	0.499*	0.079	0.521*	0.068
资产规模的对数	0.734***	0.000	0.714***	0.000	0.725***	0.000
常量	-14.280***	0.000	-14.639***	0.000	-14.840***	0.000
行业1	-0.855**	0.040	-0.830**	0.047	-0.813*	0.052
行业2	-0.226	0.470	-0.223	0.480	-0.215	0.496
行业3	0.004	0.990	0.068	0.831	0.088	0.783
行业4	-0.147	0.638	-0.099	0.754	-0.082	0.796
行业5	0.103	0.721	0.138	0.637	0.157	0.592
行业6	-0.063	0.826	-0.050	0.862	-0.038	0.895
行业7	-0.329	0.252	-0.326	0.261	-0.313	0.281
模型系数综合检验卡方	979.885		995.128		996.737	
模型系数综合检验的Sig.	0.000		0.000		0.000	
Nagelkerke R方	0.408		0.413		0.414	
百分比校正	76.6		76.9		76.4	

表 6-5 2004~2010 年深市非主板市场半强制性分红对分配意愿的回归结果

变量	模型 1		模型 2		模型 3	
	B	Sig.	B	Sig.	B	Sig.
是否强制性分红	-2.900***	0.004	-2.910***	0.007	-2.883***	0.008
第一大股东持股比例			-1.670	0.574	-1.634	0.583
第一大股东持股比例的平方			2.626	0.485	2.542	0.501
是否是国家股					-0.100	0.633
是否流通					-0.193	0.306
每股利润	3.264***	0.000	3.265***	0.000	3.243***	0.000
资产负债率	-1.746***	0.002	-1.703***	0.003	-1.722***	0.003
资产增长率	0.357	0.253	0.341	0.276	0.294	0.355
资产规模的对数	0.255*	0.063	0.234*	0.094	0.258*	0.068
常量	-0.812	0.784	-0.191	0.950	-0.687	0.825
行业 1	-0.179	0.849	-0.130	0.890	-0.088	0.926
行业 2	-0.314	0.703	-0.262	0.753	-0.211	0.800
行业 3	-1.082	0.201	-1.058	0.213	-0.999	0.240
行业 4	-1.490*	0.076	-1.452*	0.088	-1.402*	0.099
行业 5	-0.578	0.477	-0.545	0.506	-0.482	0.557
行业 6	-0.268	0.741	-0.234	0.775	-0.178	0.828
行业 7	-0.432	0.592	-0.409	0.616	-0.351	0.667
模型系数综合检验卡方	292.616		293.495		294.631	
模型系数综合检验的 Sig.	0.000		0.000		0.000	
Nagelkerke R 方	0.289		0.290		0.291	
百分比校正	88.4		88.3		88.4	

表 6-4、表 6-5 的实证结果显示，深市主板、深市非主板数据在 1% 统计水平下，半强制性分红制度与公司分配意愿之间均呈现负相关关系。这与全部样本数据的回归结论是一致的。这就是说，随着半强制性分红政策的实施，上市公司分配意愿呈现显著的下降。与全部样本数据回归结果不同的是，第一大股东是否是国家股、是否流通对公司的分配意愿不产生影响。深市主板第一大股东持股比例与分配意愿之间正相关关系的统计显著水平只有 10%，而全部样本则达到 5%；深市非主板的第一大股东持股比例与分配意愿之间不存在相关关系。因此，深市上市公司的分配意愿更多的是根据公司经营情

况来决策。

尽管半强制性分红政策对公司分配意愿在稳定性检验中保持稳定，但是除了每股利润、资产负债率以外，其他公司内部因素对分配意愿的影响出现较大的波动。其中，在全部样本中，在1%统计水平下，第一大股东是否是国家股、是否为流通股与公司分配意愿呈现显著负相关关系；而在深市主板、深市非主板数据的检验中，是否是国家股、是否是流通股均显示不影响公司的分配意愿。在全部样本中，资产增长率与公司分配意愿呈现显著正相关关系，而深市主板数据显示二者之间的统计显著水平只有10%，深市非主板数据说明二者无关。在全部样本中，在5%统计水平下，第一大股东的持股比例与公司分配意愿存在正相关关系，而深市主板数据显示二者的正相关关系只达到10%统计水平。深市非主板数据显示：第一大股东持股比例与分配意愿无关。深市主板市场中公司规模与公司分配意愿呈现显著的正相关关系。这和全部样本的回归结论是一致的；但是深市非主板市场的公司规模与分配意愿的正相关关系只达到10%统计水平。另外，在深市主板市场中行业1，即电信，在5%统计水平下，分配意愿较低；在深市非主板市场中行业4，即主要消费，在10%统计水平下，分配意愿较低。

以上实证检验结果证明：半强制性分红政策与公司分配意愿呈现显著的负相关关系。这说明半强制性政策对于提高公司分配意愿而言作用有限。在西方，进入20世纪70年代以来，上市公司也呈现"股利消失"的现象。西方政府并没有出台类似我国的半强制性分红制度。但是，美国公司利润分配制度与我国利润分配存在明显不同。美国《公司法》规定：当企业法定公积金累计达公司注册资本50%以上，就不得在行提取公积金。而我国企业当法定公积金累计达到公司注册注册资本50%后，可以提取也可以不提取公积金。由于中西方对于公积金提取规定的显著不同，上市公司股利分配的约束性就截然不同。著名的苹果公司，多年以来，一直采用不分配的股利政策。由于苹果公司一直保持较高的盈利性，公司法定公积金达到注册资本的50%后，2011年不得不实施首次的股利分配。假设苹果公司在中国，不分配股利，顶多是不具备配股资格而已。而《公司法》和最低分红比例的法律规定根本无法约束像苹果公司这样业绩优良的上市公司。因为他们在资本市场的融资能力很强，无须通过股利分配获得再融资的能力。因此，半强制性分红制度对于公司分配意愿的约束力并不高。

尽管半强制分红政策在稳定性检验中呈现明显的一致性，但是公司内部因素对于分配意愿的影响却不尽相同。这主要因为这里采用的是2003~2010年横截面数据。由于8年的截面数据时间跨度较大，因此，内部因素对于公司是否分配的决策影响可能受到某一年份的影响较大。为此，我们采用Fama和French的研究方法进一步研究公司内部因素对公司分配意愿的影响。

6.5.2 公司内部因素对公司分配意愿的影响

6.5.2.1 以每股利润代表盈利能力的因素分析

根据2003~2010年截面数据，运用Logit回归，分别确定2003~2010年各年是否分配的回归系数（表6-6）。然后，将各年回归系数进行汇总，得到各年的均值和均值的标准误,并确定 Z 统计量(表6-7)。从表6-7的实证结果来看,在1%统计水平下,每股利润、资产负债率、资产增长率和资产规模均显著影响公司是否分配的决策。但每股利润、资产增长率和资产规模与公司分配意愿呈现显著正相关关系,即每股利润越高,公司的分配意愿越强。这和传统股利信号理论的结论一致。并且这里的股利不仅包括现金股利,也包括股票股利和转增股。公司的资产增长率越大,公司分配意愿越强。这说明公司希望通过分配传递出公司良好的信誉,从而为公司发展奠定良好的信用基础。公司规模越大,公司分配的意愿越强。而资产负债率与公司分配意愿呈现显著负相关关系,即公司资产负债率越大,公司的分配意愿越低。在10%统计水平下,流通股对是否分配有影响。而第一大股东持股比例、第一大股东持股比例的平方以及第一大股东是否为国家股并不影响公司是否分配决策。行业因素对于公司是否分配也无显著影响。

表6-6 2003~2010年分配意愿影响因素的回归系数汇总表(每股利润)

年份	2003	2004	2005	2006	2007	2008	2009	2010
每股利润	9.749	11.592	1.162	4.783	3.204	5.855	4.449	3.467
资产负债率	-3.287	-3.866	-2.269	-3.123	-2.313	-3.327	-3.029	-2.646
资产增长率	0.819	2.257	1.964	1.202	1.631	1.543	0.308	0.804
资产规模的对数	0.300	0.454	0.411	0.500	0.387	0.556	0.396	0.471
第一大股东持股比例	-5.198	-0.579	2.119	1.224	4.727	2.854	1.297	1.091
第一大股东持股比例的平方	6.307	0.700	-2.459	-0.363	-5.12	-2.474	0.470	0.273
是否是国家股	0.386	0.412	-0.532	-0.179	-0.112	-0.316	-0.166	-0.343
是否流通	0.273	-1.759	-0.897	-0.152	-0.16	-0.096	-0.243	-0.319
行业1	-0.228	0.332	-0.598	-0.347	0.147	-1.476	0.014	0.059
行业2	-0.277	0.262	-0.328	-0.035	0.445	-0.879	0.905	0.707
行业3	0.195	0.495	0.405	0.075	0.44	-1.336	0.536	0.601
行业4	-0.312	-0.082	-0.175	0.393	0.541	-1.097	0.565	-0.058
行业5	0.547	1.021	0.072	0.381	0.567	-0.755	0.238	0.470
行业6	0.229	0.477	-0.161	0.220	0.847	-0.646	0.840	0.661
行业7	-0.116	-0.025	-0.437	0.289	0.471	-0.799	0.614	0.315
常量	-5.670	-9.706	-6.959	-10.105	-8.986	-10.639	-8.411	-9.960

表6-7 分配意愿影响因素的实证结果(每股利润)

变量	均值	均值的标准误	Z 统计量
每股利润	5.533***	1.233	4.487
资产负债率	(2.983)***	0.193	-15.459
资产增长率	1.316***	0.231	5.691

续表

变量	均值	均值的标准误	Z 统计量
资产规模的对数	0.434***	0.028	15.649
第一大股东持股比例	0.942	1.032	0.913
第一大股东持股比例的平方	(0.333)	1.182	-0.282
是否是国家股	(0.106)	0.120	-0.888
是否流通	(0.419)*	0.223	-1.879
行业1	(0.262)	0.202	-1.295
行业2	0.100	0.210	0.477
行业3	0.176	0.225	0.784
行业4	(0.028)	0.194	-0.145
行业5	0.318	0.182	1.746
行业6	0.308	0.183	1.687
行业7	0.039	0.170	0.230
常量	(8.805)***	0.607	-14.508

从实证结果来看，每股利润越大，公司分配的可能性就越大。这也进一步证明公司是否分配的确对外传递出公司盈利情况。资产负债率与公司是否分配之间存在显著的负相关关系。资产负债率越高，公司分配的可能性就越低。这表明债务对于企业管理人员起到了良好的约束性。投资机会越大，公司分配的可能性就越大。这说明股利替代模型在我国具有一定的影响作用。公司的规模越大，公司分配的可能性就越大。而流通股股东不分配倾向较大。

6.5.2.2 以资产收益率代表盈利能力的因素分析

以上研究中我们采用每股利润来代表公司的盈利性。下面采用资产报酬率替代每股利润重新进行实证检验。表6-8是用资产收益率代表盈利能力的2003~2010年各年影响因素的回归系数统计表。表6-9是各系数的均值以及均值的标准误和Z统计量。

表6-8 2003~2010年分配意愿影响因素的回归系数汇总表（资产收益率）

年份	2003	2004	2005	2006	2007	2008	2009	2010
资产收益率	45.616	49.649	6.935	28.861	18.477	22.556	25.181	21.474
资产负债率	-2.097	-2.553	-2.073	-2.016	-1.456	-3.232	-2.020	-1.815
资产增长率	1.072	2.77	1.839	1.308	1.951	2.217	0.840	1.298
资产规模的对数	0.589	0.725	0.413	0.637	0.537	0.755	0.509	0.633

续表

年份	2003	2004	2005	2006	2007	2008	2009	2010
第一大股东持股比例	-4.174	-1.313	1.725	1.292	5.231	4.904	3.187	1.858
第一大股东持股比例的平方	5.328	1.735	-1.950	-0.389	-5.542	-4.868	-1.778	-0.588
是否是国家股	0.233	0.331	-0.547	-0.170	-0.116	-0.359	-0.167	-0.463
是否流通	0.085	-2.609	-0.912	-0.162	-0.178	-0.123	-0.238	-0.537
行业1	-0.264	0.279	-0.779	-0.308	0.03	-0.809	0.139	0.246
行业2	-0.268	0.248	-0.443	0.019	0.332	-0.446	0.927	0.694
行业3	0.339	0.586	0.248	0.127	0.275	-0.822	0.434	0.534
行业4	-0.195	0.046	-0.297	0.573	0.421	-0.600	0.542	0.015
行业5	0.626	1.037	-0.050	0.467	0.488	-0.230	0.268	0.533
行业6	0.237	0.483	-0.295	0.311	0.801	-0.091	0.909	0.749
行业7	-0.061	0.02	-0.551	0.425	0.444	-0.346	0.565	0.363
常量	-12.358	-15.71	-6.870	-13.760	-12.627	-15.508	-11.672	-13.867

表6-9 分配意愿影响因素的实证结果（资产收益率）

变量	均值	均值的标准误	Z统计量
资产报酬率	27.344***	4.984	5.487
资产负债率	(2.158)***	0.188	-11.501
资产增长率	1.662***	0.229	7.262
资产规模的对数	0.600***	0.040	14.995
第一大股东持股比例	1.589	1.107	1.435
第一大股东持股比例的平方	(1.007)	1.233	-0.816
是否是国家股	(0.157)	0.110	-1.428
是否流通	(0.584)*	0.309	-1.893
行业1	(0.183)	0.153	-1.195
行业2	0.133	0.181	0.734
行业3	0.215	0.158	1.365
行业4	0.063	0.150	0.422
行业5	0.392***	0.140	2.795
行业6	0.388**	0.153	2.539
行业7	0.107	0.144	0.745
常量	(12.796)***	0.987	-12.968

比较表6-9和表6-7，在1%统计水平下，盈利能力、负债水平、投资机会以及公司规模均显著影响公司的分配意愿，并且盈利能力、投资机会和公司规模与公司分配意愿显著正相关，而负债水平与公司分配意愿显著负相关。在10%统计水平下，是否是流通股影响公司的分配意愿，且两者呈现负相关关系。而第一大股东的持股比例和分配意愿不但不存在U形关系，而且第一大股东持股比例与公司分配意愿也不相关。尽管盈利能力、负债水平、投资机会、公司规模以及是否是流通股在一定的统计水平下显著，但是以资产收益率代表盈利能力后的实证结果和以每股利润代表盈利能力的实证结果还是存在一定的差异。首先，盈利能力、负债水平、投资机会以及公司规模的回归系数存在差异。特别是盈利能力，资产报酬率的回归系数达到27.344，明显高于每股利润的5.533；资产负债率对公司分配意愿的影响从-2.983上升到-2.158；而投资机会对公司分配意愿的影响从1.316增加到1.662；资产规模对公司分配意愿的影响也从0.4增加到0.5；是否是流通股对公司分配意愿的影响从0.434增加到0.600。其次，行业因素对于是否分配意愿的影响却存在一定的差距。资产收益率替代每股利润后的实证结果显示，行业5和行业6，即可选消费和工业行业较其他行业而言呈现较大的分配意愿。而每股利润作为盈利能力的代表时，行业因素并不影响公司的分配意愿。最后，资产报酬率代表公司盈利能力的常量因子的回归系数已经上升到12.796，远远高于每股利润代表公司盈利能力的常量因子8.805的回归系数。

以资产报酬率替代每股利润作为盈利能力指标以后，内部因素对公司分配意愿的影响因子的回归系数的改变和公司的经营风险有一定的关系。随着公司规模的扩大，公司的经营风险必然增加。为了规避经营风险，公司的分配意愿就会随着公司经营的需要做出相应的调整。因此，在公司分配意愿的影响因素中投资机会和公司规模的回归系数必然就会增加。资产报酬率回归系数的增加就更为明显。而影响因子相应减少的就是资产负债率和第一大股东是否为流通股。

尽管资产报酬率的影响因素较大，但是资产报酬率变化有限。从本书第5章分配公司与不分配公司盈利能力的描述性统计分析来看（表5-1），分配公司的资产报酬率均值为0.06，各年资产报酬率均值波动范围仅为0.06~0.07，波动幅度相对有限。不分配公司的资产报酬率均值为0.00，各年资产报酬率均值波动范围为-0.04~0.03，不分配公司相对分配公司而言资产报酬率的波动较大。因此，资产报酬率对于公司分配意愿的回归系数较大。

6.5.2.3 公司内部因素对分配意愿影响的稳定性分析

为了进一步证明公司分配意愿影响因素的稳定性，本书以每股利润代表盈利能力，剔除2003~2010年中所占比例较大的沪市样本数据，仍然采用Fama和French的统计方法，根据深市主板和深市非主板数据分别进行实证检验。检验结果见表6-10。

从稳定性实证结果来看，每股利润、资产负债率、资产规模和投资机会对于公司分配意愿具有影响，这和全部样本的实证结果是一致的（表6-7）。只是深主板数据的投资机会的统计水平只有10%。公司分配意愿不受国家股的影响，这也和全部样本的实证结果是一致的（表6-7）。第一大股东持股比例与分配意愿不存在U形关系。而是否是流通股在全部样本中达到10%统计水平，在深市主板和非主板中并未得到验证。全部数据显示第一大股东持股比例预分配意愿无关（表6-7），而在深市主板达到10%的统计显著。全部样本的实证结果行业表明因素并不影响公司分配意愿，而行业因素在深市主板和非主板中均达到部分的验证。

表6-10 深市主板、深市非主板市场分配意愿影响因素的实证结果

变量	深主板样本		深非主板样本	
	年份	均值	Z统计量	均值
每股利润	4.851***	5.022	3.513***	4.944
资产负债率	(3.191)***	-14.115	-1.961*	-1.983
资产增长率	0.809*	1.658	0.527***	4.810
资产规模的对数	0.683***	12.047	0.406***	2.576
第一大股东持股比例	1.903*	1.817	-4.419	-1.239
第一大股东持股比例的平方	(0.882)	-0.591	6.551	1.349
是否是国家股	(0.072)	-1.009	-0.369	-1.317
是否流通	(0.070)	-0.209	-0.095	-0.616
行业1	(0.810)***	-3.573	-4.103	-0.829
行业2	(0.094)	-0.333	-8.719*	-1.704
行业3	0.041	0.176	-9.893*	-1.837
行业4	(0.111)	-0.615	-10.103*	-1.882
行业5	0.218	0.854	-8.987*	-1.755
行业6	0.061	0.290	-8.424*	-1.652
行业7	(0.265)*	-1.774	-8.922*	-1.749
常量	(14.60075)***	-12.240	2.519	0.465

注：表6-10中深市非主板数据的来源是2007~2010年，2003~2006年样本数据无效已剔除。

而从这些相关因素来看，影响的重要程度依次是每股利润、资产负债率、资产增长率和资产规模。其中每股利润和资产负债率的影响尤为明显，回归系数分别达到了5.533和2.983（表6-7）。这说明上市公司是否分配主要受到盈利能力影响和债务的制约。

6.6 小结

本章分别从半强制性分红政策和公司内部因素两个方面实证检验了控股股东对公司

分配意愿的影响。以上研究得出如下结论。

①半强制性分红政策与公司分配意愿之间存在显著的负相关关系。半强制性分红政策并没有增加公司分配意愿。半强制性分红政策对于公司分配意愿的约束能力有限。沪深上市公司更多地从公司内部因素角度出发决定公司分配与不分配的股利决策。因此，加强对公司内部因素研究有利于解释公司分配与不分配的股利决策。研究假设2得到验证。

②盈利能力是影响公司分配与不分配的重要因素。资产报酬率对公司分配意愿的影响程度比每股利润对公司分配意愿的影响程度更大。但是，资产报酬率的增长幅度有限，因此，在衡量盈利能力对于公司股利分配意愿时，每股利润更能反映出公司股利分配意愿的差异。而在解释公司不分配行为时，资产报酬率的波动和大小更有利于反映公司不分配的主要原因。研究假设1得到验证，而假设1a未得到证实。

③资产负债率与公司分配意愿之间存在显著的负相关关系。即公司资产负债率越高，公司的分配意愿越低。这一实证结果说明，债权人的利益得到了较好的维护。但我们应该看到上市公司整体资产负债率并不高，因此，上市公司仍然有很大的空间通过债务方式获得企业的资金来源。研究假设6得到验证。

④上市公司规模与公司分配意愿之间存在显著正相关关系，即公司规模越大，公司的分配意愿越强。原假设5得到验证。

⑤公司成长性与公司分配意愿存在显著的正相关关系，即公司的投资机会越大，公司的分配意愿越强；但对深市主板的影响程度有限。原假设4得到验证。

⑥是否为国家股并不影响公司的分配意愿。原假设7未通过检验。

⑦是否为流通股在沪市主板市场上对公司分配意愿有影响，而在深市主板和非主板市场上对分配意愿无影响。原假设8得到部分验证。

⑧第一大股东与公司分配意愿之间不存在U形关系。原假设9未通过实证检验。

另外，行业之间分配意愿不存在显著的差异性。

7 控股股东对上市公司股利分配形式影响的实证分析

7.1 样本数据

本章采用的实证分析数据是从第 6 章 9 417 家分配意愿影响因素的数据中提取的。在分配意愿研究数据的基础上，本书剔除未分配公司 3 348 家，得到分配公司 6 069 家。在 6 069 家分配公司中，采用现金股利分配方式的 5566 家，采用股票股利分配方式的 631 家，采用转增股分配方式的 1 951 家。采用现金股利分配方式的 6 069 家上市公司年度及行业分布情况见表 7-1、表 7-2。

表 7-1 2003~2010 年上市公司分配数的年度分布 单位：家

年份	现金股利样本数	股票股利样本数	转增股样本数	股利分配样本数
2003	511	73	160	548
2004	619	46	149	641
2005	538	48	290	691
2006	580	72	141	633
2007	652	123	296	745
2008	730	71	190	766
2009	813	92	251	863
2010	1 123	106	474	1 182
合计	5 566	631	1 951	6 069

表 7-2 2003~2010 年上市公司分配数的行业分布 单位：家

行业代码	行业名称	现金股利样本数	股票股利样本数	转增股样本数	股利分配样本数
行业 1	电信	144	13	62	161
行业 2	信息技术	521	63	265	581

续表 単位：家

行业代码	行业名称	现金股利样本数	股票股利样本数	转增股样本数	股利分配样本数
行业3	健康护理	439	64	195	495
行业4	主要消费	387	43	122	426
行业5	可选消费	904	91	297	1 005
行业6	工业	16 48	183	525	1 772
行业7	原材料	1305	139	439	1 404
行业8	能源	218	35	46	225
合计		5 566	631	1 951	6 069

7.2 研究变量及其说明

（1）因变量

本章主要研究上市公司分配形式的选择，因此，因变量为分配形式 Y_2。

根据分配形式的不同，分别研究现金股利、股票股利和转增股的影响因素。以 6 069 个分配公司为样本，凡是采用现金股利的公司，则现金股利分配（Y_2）为 1，否则现金股利分配（Y_2）为 0；仍以 6 069 个分配公司为样本，凡是采用股票股利的公司，则股票股利分配（Y_2）为 1，否则股票股利分配（Y_2）为 0；最后，还以 6 069 个分配公司为样本，凡是采用转增股的公司，则转增股分配（Y_2）为 1，否则转增股分配（Y_2）为 0。

（2）解释变量

X_1：公司盈利能力指标。本章分别以每股利润指标代表公司的盈利能力。即

$$X_1 = \frac{净利润 - 优先股股利}{流通在外的普通股股数}$$

X_2：公司负债水平指标，本章以资产负债率来代表。即

$$X_2 = \frac{期末与期初负债总额平均值}{期末与期初资产平均值}$$

X_3：公司成长性能力指标，本章以资产增长率来代表，即

$$X_3 = （年末资产总额 - 年初资产总额）/年初资产总额$$

X_4：公司规模大小指标，本章以公司规模的对数来代表，即

$$X_4 = \ln 资产$$

X_5：第一大股东持股的比例。

X_6：第一大股东持股比例的平方。

X_7：是否是国有股，若第一大股东是国有股，则 $X_7 = 1$，否则 $X_7 = 0$。

X_8：是否是流通股，若第一大股东是流通股，则 $X_8=1$，否则 $X_8=0$。

X_9：证监会有关半强制性分红的政策因素。在以 2003~2010 年 5 566 个现金股利分配公司为样本进行实证分析时，若样本数据所在该年份证监会已出台 20%，或者 30% 的现金分红最低限，则 $X_9=1$，否则 $X_9=0$；若以 2006~2010 年 3 898 个现金股利分配公司为样本进行稳定性检验时，由于 2008 年以后实施了 30% 现金股利分红政策，因此重新定义政策因素：如果样本数据属于 2008 年及其以后年份的数据，则 $X_9=1$，否则 $X_9=0$。

（3）控制变量

行业$_j$：是否属于某一个行业。$j=10, 11, \cdots, 16$。

若属于电信行业，则行业$_{10}=1$，否则行业$_{10}=0$。

若属于信息技术行业，则行业$_{11}=1$，否则行业$_{11}=0$。

若属于健康护理行业，则行业$_{12}=1$，否则行业$_{12}=0$。

若属于主要消费行业，则行业$_{13}=1$，否则行业$_{13}=0$。

若属于可选消费行业，则行业$_{14}=1$，否则行业$_{14}=0$。

若属于工业行业，则行业$_{15}=1$，否则行业$_{15}=0$。

若属于原材料行业，则行业$_{16}=1$，否则行业$_{16}=0$。

7.3 研究假设的提出

本书根据第 5 章研究结论已提出如下假设。

假设 3：盈利影响上市公司股利分配类型，且盈利能力越强，三种分配形式的分配意愿越强。

假设 4a：资产增长率不影响现金股利的分配意愿。

假设 4b：资产增长率影响股票股利的分配意愿，且资产增长率越高，股票股利分配意愿越强。

假设 4c：资产增长率影响转增股的分配意愿，且资产增长率越高，转增股分配意愿越强。

假设 5a：上市公司的规模越大，现金股利分配的可能性就越大。

假设 5b：上市公司的规模与股票股利分配意愿无关。

假设 5c：上市公司的规模与转增股分配意愿无关。

假设 6a：资产负债率越大，现金股利的分配意愿越小。

假设 6b：资产负债率越大，股票股利的分配意愿越大。

假设 6c：资产负债率越大，转增股的分配意愿越大。

假设 7a：是否国有控股不影响现金股利、股票股利、转增股分配意愿。

假设 8a：流通与否影响现金股利、股票股利、转增股分配意愿。

同样，根据文献综述中股权集中度的特征描述，本书提出假设 10。

假设 10：第一大股东持股比例与公司现金股利、股票股利和转增股的分配意愿之间呈现 U 形关系。

7.4 研究内容设计

分配形式影响因素的实证研究主要比较现金股利、股票股利和转增股三种分配形式影响因素的差异，依然采用 Fama 和 French 的方法研究是否采用现金股利、股票股利和转增股的影响因素。具体内容如下。

首先，根据是否实施现金股利（股票股利、转增股）将 6 069 个股利分配公司进行因变量赋值。如果采用了现金股利（股票股利、转增股），则 $Y_2 = 1$，否则 $Y_2 = 0$。

其次，分别以 2003~2010 年的样本数据，根据 Logistic 回归模型（公式 7.1），获得各年影响因素的回归系数。

$$Logit(P) = a + b_1 盈利能力 + b_2 资产负债率 + b_3 投资增长率 + b_4 资产规模的对数 + b_5 第一大股东持股比例 + b_6 第一大股东持股比例的平方 + b_7 是否国家股 + b_8 是否流通股 + \sum_{j=1}^{7} b_j 行业_j \tag{7.1}$$

其中：

$$logit(p) = \ln\frac{p}{1-p}, p = P(y_2 = 1) = F(b_i X_i + \sum_{j=1}^{7} b_i 行业_j) \tag{7.2}$$

再次，根据各年影响因素的回归系数，确定各影响因素的回归均值及均值的标准误。

最后，通过影响因素的回归均值及均值标准误，确定各因素的重要度系数。

$$Z = \frac{2003~2010 年影响因素回归系数 b 的均值}{均值的标准误} \tag{7.3}$$

7.5 研究数据的描述性统计

表 7-3 是影响现金股利、股票股利和转增股分配形式公司内部因素的描述性统计分析。股票股利和转增股分配形式的每股利润均值（0.586、0.513）高于现金股利分配形式的均值（0.474）。股票股利分配形式的资产负债率均值最高（46.4%），现金股利分配形式的资产负债率次之（43.2%），转增股分配形式的资产负债率均值最低（42.1%）；但转增股分配形式的资产负债率的极大值达到 129.8%，而现金股利和股票股利分配形式资产负债率的极大值均小于 1。这说明资产负债率对现金股利和股票股利的约束性大于转增股分配形式。转增股分配形式的资产增长率均值最高（32.9%），股票股利和现金股利分配形式的资产增长率均值较为接近（25.9%、23.2%），且远小于转增股的资产增长率均值。而现金股利和转增股的资产规模却明显大于转增股的资产规

模均值。现金股利分配形式的第一大股东持股比例均值（0.41）高于股票股利和转增股分配形式的第一大股东持股比例均值（0.383、0.371）。

表 7-3 分配形式影响因素的描述性统计分析

影响因素	分配形式	均值	中值	标准差	极小值	极大值
每股利润/ （元·股$^{-1}$）	现金股利	0.474	0.35	0.456	-0.51	6.28
	股票股利	0.586	0.44	0.55	0.005	5.35
	转增股	0.513	0.43	0.553	-6.92	4.9
资产负债率/ %	现金股利	43.2	43.9	17.8	1.9	93.7
	股票股利	46.4	46.8	17.5	3.3	89.4
	转增股	42.1	43.4	18.6	2.2	129.8
资产增长率/ %	现金股利	23.2	15.5	28.5	-91.4	200
	股票股利	25.9	20	24.4	-50.6	158.4
	转增股	32.9	21.6	36.3	-58.3	168.6
资产规模 （ln 资产）	现金股利	21.567	21.410	1.186	18.999	29.588
	股票股利	21.473	21.354	1.052	19.276	24.604
	转增股	21.188	21.050	1.019	18.999	29.588
第一大股东持股 比例/%	现金股利	0.410	0.404	0.160	0.037	0.865
	股票股利	0.383	0.369	0.157	0.07	0.756
	转增股	0.371	0.353	0.152	0.045	0.865

表 7-4 分配形式影响因素均值的 T 检验显著性概率

影响因素	现金股利与股票股利	现金股利与转增股	股票股利与转增股
每股利润	0.000	0.005	0.004
资产负债率	0.000	0.019	0.000
资产增长率	0.001	0.000	0.000
资产规模	0.035	0.000	0.000
第一大股东持股比例	0.000	0.000	0.072

注：表中数字为 T 统计量的显著性（双尾、方差非齐次）概率 P。若 $P > 0.05$，则认为影响因素在两种分配形式中无明显差异，否则就认为存在差异。

表 7-4 是分配形式两两组合进行 T 检验的显著性概率。若概率 $P > 0.05$，则接受原假设，即某影响因素在两种分配形式之间不存在明显差异；否则拒绝原假设，认为两种分配形式之间存在明显差异。从检验结果来看，只有股票股利和转增股分配形式之间第一大股东持股比例的均值无明显差异。但是，第一大股东持股比例在现金股利和股票股利分配形式、现金股利和转增股分配形式之间存在明显差异。另外，现金股利和股票股利分配形式之间资产规模均值的差异性统计显著水平为 3.5%，较为接近 5% 的有无

差异的评判标准,但现金股利和转增股分配形式之间、股票股利和转增股分配形式之间的资产规模存在明显差异。每股利润、资产增长率指标在不同分配形式的对比实验结果的 T 统计量的显著水平均小于 5%,且接近 0.000。这说明每股利润、资产增长率在三种分配形式之间存在明显差异。资产负债率指标在三种分配形式中存在差异,而现金股利和转增股分配形式之间资产负债率的 T 统计量的显著水为 0.019。T 检验是从个别因素出发,反映了个别因素对股利分配形式的影响。而全面考虑这些因素的综合作用,还要通过下文的 Logistic 回归方法进行实证检验。

7.6 实证结果与分析

表 7-5 是现金股利、股票股利和转增股分配意愿影响因素的比较。影响因素包括三个方面:①公司内部经营因素;②第一大股东股权结构;③行业因素。与前文研究保持一致,公司内部经营因素有盈利能力、负债水平、投资机会和公司规模四个方面。本节以每股利润、资产负债率、资产增长率和资产规模的对数分别代表公司的盈利能力、负债水平、投资机会和公司规模。第一大股东股权结构包括第一大股东持股比例和股权性质两个方面。本节采用第一大股东持股比例及其平方、第一大股东是否是国有股以及是否是流通股代表控股股东的股权结构。行业因素根据十分类法进行定义,且与前文保持一致。

表 7-5 现金股利、股票股利、转增股分配意愿影响因素的比较

变量	现金股利			股票股利			转增股		
	均值	均值的标准误	Z 统计量	均值	均值的标准误	Z 统计量	均值	均值的标准误	Z 统计量
每股利润	3.517***	0.941	3.739	0.854***	0.146	5.853	0.676*	0.353	1.915
资产负债率	-1.851***	0.544	-3.403	1.684***	0.424	3.971	1.173***	0.179	6.550
资产增长率	-0.179	0.112	-1.598	0.646***	0.211	3.063	1.054***	0.207	5.083
资产规模的对数	0.273***	0.078	3.502	-0.271***	0.062	-4.341	-0.338***	0.059	-5.711
第一大股东持股比例	3.306**	1.338	2.470	-0.648	1.189	-0.545	-2.966**	1.350	-2.197
第一大股东持股比例的平方	-2.105	2.058	-1.023	-0.579	1.307	-0.443	1.946	1.692	1.150
是否是国家股	0.31***	0.039	7.875	0.063	0.110	0.576	-0.408***	0.113	-3.597
是否流通	2.462	2.294	1.073	-1.831	2.401	-0.763	-2.798	2.488	-1.125
行业 1	-6.718**	3.347	-2.007	-2.886	2.333	-1.237	2.463	2.446	1.007
行业 2	-6.339*	3.303	-1.919	-0.403	0.334	-1.209	2.800	2.420	1.157
行业 3	-6.695**	3.275	-2.045	-0.305	0.339	-0.897	2.768	2.447	1.131

续表

变量	现金股利			股票股利			转增股		
	均值	均值的标准误	Z统计量	均值	均值的标准误	Z统计量	均值	均值的标准误	Z统计量
行业4	-6.416**	3.265	-1.965	-0.482	0.347	-1.391	2.414	2.395	1.008
行业5	-6.487**	3.256	-1.992	-0.547*	0.285	-1.919	2.404	2.430	0.990
行业6	-6.315**	3.214	-1.965	-0.432	0.266	-1.622	2.438	2.411	1.011
行业7	-6.129*	3.246	-1.888	-0.542**	0.255	-2.125	2.536	2.388	1.062
常量	1.904	3.597	0.529	2.935	1.299	2.259	3.986	2.818	1.415

注：***、**、* 分别代表在1%、5%、10%统计水平下显著。表中均值是根据2003~2010年样本数据进行Logistic得到的解释变量各年回归系数的平均值，均值的标准误是各年回归系数的均值标准误，Z统计量是根据均值和均值的标准误计算得到的。公司内部因素中只有资产增长率对于现金股利分配形式的影响不显著，其余因素（每股利润、资产负债率、资产规模）均对现金股利、股票股利、转增股分配形式有影响。但除了每股利润对三种分配形式的影响作用一致以外，资产负债率和资产规模对现金股利和股票股利、转增股的影响正好相反。即：每股利润越多，公司分配现金股利、股票股利和转增股的意愿就越大，其中在1%统计水平下显著影响现金股利、股票股利分配意愿，而在10%统计水平下显著影响转增股分配意愿；资产负债率越高，现金股利分配意愿越低，而股票股利和转增股分配意愿则较高，且均在1%统计水平下显著影响三者分配意愿；在1%统计水平下，资产规模越大，现金股利分配意愿越高，而股票股利和转增股分配意愿越低；在1%统计水平下，资产增长率显著影响股票股利和转增股分配意愿。第一大股东持股比例与三种分配形式不存在U形关系，在5%统计水平下，第一大股东持股比例越高，现金股利分配意愿越高，转增股分配意愿越低，而股票股利不受其影响。在1%统计水平下，第一大股东是国有股，则现金股利分配意愿高，转增股分配意愿低，而股票股利不受影响。第一大股东是流通股不影响三种分配形式意愿。行业因素与现金股利分配意愿之间存在负相关关系，而股票股利和转增股的分配意愿行业之间不存在显著差异。

无论是现金股利，还是股票股利和转增股分配形式，每股利润均影响其分配意愿，并且影响方向一致。即每股利润越大，现金股利、股票股利和转增股的分配意愿就越大。虽然每股利润对三种分配形式的分配意愿作用一致，但影响的显著性水平不同。每股利润对现金股利和股票股利分配意愿的影响达到了1%统计水平下显著，而每股利润对转增股分配意愿的影响只是在10%统计水平下显著。尽管每股利润对不同分配形式的分配意愿影响程度不同，但是这也证明了公司盈利性，特别是净利润在公司股利分配决策中的重要作用。这与Lintner等的研究结论完全一致。但每股利润对三种分配形式分配意愿的影响程度不同：每股利润对现金股利的影响回归系数达到3.517（表7-5），而每股利润对股票股利和转增股的影响回归系数不到1，只有0.854和0.676。每股利润对于现金股利、股票股利和转增股分配形式的影响还是存在较大差异的，在1%统计水平下显著，资产负债率对现金股利、股票股利和转增股分配意愿具有影响，但三者的影响方向不同。资产负债率越高，现金股利的分配意愿就越低，而股票股利和转增股的分配意愿却越大。这说明负债对于股东、管理者起到了一定的限制作用。在进行股利分配决策的时候，如果公司债务比率升高，继续实施现金股利，无疑将会增加债权人破产的风险。于是，债权人从维护自身利益角度出发，就会限制现金股利的支付。资产负债率提高，现金股利分配意愿降低，就是负债对现金股利的体现。而实施股票股利、转增股是公司利用自有资金的一种方式,对债权人是有利的。这也进一步证明负债对股利分配形式的限制。并且负债对股利的限制作用也证明 Easterbrook 股利代理成本论在我国上市公司具有一定的适用性。公司规模对于三种分配形式的影响正好与资产负债率的影响相反。在1%统计水平下显著,公司规模越大,现金股利的分配意愿就越大,而股票股利和转增股的分配意愿却越小。最值得注意的是资产增长率并不影响现金股利分配意愿,但在1%统计水平下显著,资产增长率影响股票股利和转增股的分配意愿,且资产增长率越大,股票股利、转增股的分配意愿就越大。这说明在我国上市公司中,股票股利和转增股是企业使用自有资金进行扩大投资的主要方式。而投资机会并不是公司是否采用现金股利分配方式的主要因素。

第一大股东持股比例和现金股利、股票股利、转增股分配意愿之间不存在 U 形关系。在5%统计水平下显著,第一大持股比例越大,现金股利的分配意愿越大,而转增股分配意愿越低。第一大股东持股比例并不影响股票股利的分配意愿。当第一大股东持股比例上升,公司并不愿意实施股票股利或者转增股,而是采用现金股利。这是因为实施股票股利或者转增股有可能会培养出潜在的控制权竞争对手。因此,当公司准备进行股利分配的时候,第一大股东持股比例越高,就越会实施现金股利,而非股票股利或者转增股。在1%统计显著水平下,第一大股东是国有股,则现金股利的分配意愿大,而转增股的分配意愿低。但第一大股东是国家股并不影响股票股利的分配意愿。这说明国有股股东也十分注重公司的控制权,所以,公司的股利分配更倾向于现金股利,而非股票股利或者转增股。是否是流通股并不影响现金股利、股票股利以及转增股的分配意愿。流通股股东变现能力强,无论发放现金股利,或者实施股票股利、转增股,流通股股东都可以通过出售股票变现资金,因此,流通股并不会对某种股利分配形式有更大的偏好。

在1%、5%、10%统计水平下,行业因素对于现金股利的分配意愿具有显著影响,但行业与现金股利分配意愿呈现负相关关系。行业因素对于股票股利分配意愿的影响有限,只有两个行业对股票股利分配意愿的影响分别在1%、10%统计水平下显著。而行业因素并不影响转增股的分配意愿。

从现金股利分配形式来看,第一大股东持股比例高,或第一大股东是国有股,则公司选取现金股利分配形式的意愿就高;每股利润越高,公司规模越大,则公司选取现金股利分配形式的意愿就越高;而资产负债率越高,则公司采用现金股利分配形式的意愿就越低。行业因素对现金股利呈现负相关关系。而资产增长率并不显著影响现金股利的分配意愿。从股票股利分配形式来看,控制权结构并不影响股票股利的分配意愿。公司实施股票股利主要从公司经营角度出发进行决策。公司每股利润越高、资产负债率越高,投资机会越多,公司越需要通过股票股利分配形式利用自有资金。而公司规模越大,公司实施股票股利的意愿就越低。公司规模越大,发展所需的资金就越多,公司并不能完全通过自有资金满足投资,因此,股票股利的分配意愿就降低了。从转增股分配形式来看,公司经营因素、控制权结构对转增股分配意愿均有影响。第一大股东持股比例高,第一大股东是国有股,公司转增股的意愿就低。转增股的资金来自资本公积金,其中大部分来自 IPO 的溢价收入。控股股东并不愿意将 IPO 溢价收入与全体股东分享,所以，第一大股东持股比例高，第一大股东是国有股，转增股的意愿就低。而公司盈利能力越高，负债越大，投资机会越多，公司转增股的意愿即越高；公司规模越大，公司转增股分配的意愿就越低。公司经营因素对转增股的影响和对股票股利的影响是相同的。这是因为转增股与股票股利一样均不使用现金，而都是公司使用自有资金的主要方式，并且自有资金的使用同时又受到规模因素的限制。

7.7 小 结

本章运用 Logistic 回归检验，研究了控股股东对上市公司股利分配形式的影响因素。实证结果显示如下。

①第一大股东持股比例越高，第一大股东是国有股，则公司选取现金股利分配形式的意愿就越高；每股利润越高，公司规模越大，则公司选取现金股利分配形式的意愿就越高；而资产负债率越高，则公司采用现金股利分配形式的意愿就越低。行业因素与现金股利分配形式呈现负相关关系。而资产增长率并不显著影响现金股利的分配意愿。

②第一大股东持股比例并不影响股票股利的分配意愿。公司实施股票股利主要从公司经营角度出发进行决策。公司每股利润越高、资产负债率越高，投资机会越多，公司越需要通过股票股利分配形式利用自有资金。而公司规模越大，公司实施股票股利的意愿就越低。

③公司经营因素与第一大股东持股比例对转增股分配意愿均有影响。第一大股东持股比例高，或第一大股东是国有股，公司转增股的意愿就低。而公司盈利能力越高，负债越大，投资机会越多，公司转增股的意愿越高；公司规模越大，公司转增股分配的意愿就越低。公司经营因素对转增股的影响和对股票股利的影响是相同的。

8 控股股东对上市公司现金股利支付水平影响的实证分析

8.1 样本数据

本书从第 7 章 6 069 家股利分配公司数据中提取现金股利分配形式的 5 566 家公司的数据,作为本章的研究数据。现金股利分配公司的年度分布和行业分布详见表 7-1、表 7-2。

8.2 研究变量及其说明

(1) 因变量

本章主要研究现金股利分配多少的影响因素,因此,因变量为每股现金股利(Y_3)。由于公司可能采用中期分红,所以,采用中期分红公司的每股股利是中期每股股利和期末每股股利之和。

(2) 解释变量

X_1:公司盈利能力指标。本章分别以每股利润和每股留存收益两个指标代表公司的盈利能力。即

$$X_1 = \frac{净利润 - 优先股股利}{流通在外的普通股股数}$$

或者

$$X_1 = \frac{留存收益}{流通在外的普通股股数} = \frac{盈余公积金 + 未分配利润}{流通在外的普通股股数}$$

X_2:公司负债水平指标,本章以资产负债率来代表。即

$$X_2 = \frac{期末与期初负债总额平均值}{期末与期初资产平均值}$$

X_3:公司成长性能力指标,本章以资产增长率来代表,即

$$X_3 = \frac{(年末资产总额 - 年初资产总额)}{年初资产总额}$$

X_4:公司规模大小指标,本章以公司规模的对数来代表,即

$$X_4 = \ln 资产$$

X_5：第一大股东持股的比例。

X_6：第一大股东持股比例的平方。

X_7：是否是国有股，若第一大股东是国有股，则 $X_7=1$，否则 $X_7=0$。

X_8：是否是流通股，若第一大股东是流通股，则 $X_8=1$，否则 $X_8=0$。

X_9：证监会有关半强制性分红的政策因素。在以 2003～2010 年 5 566 个现金股利分配公司为样本进行实证分析时，若样本数据所在该年份证监会已出台 20%，或者 30% 的现金分红最低限，则 $X_9=1$，否则 $X_9=0$。若以 2006～2010 年 3 898 个现金股利分配公司为样本进行稳定性检验时，由于 2008 年以后实施了 30% 现金股利分红政策，因此重新定义政策因素：如果样本数据属于 2008 年及其以后年份的数据，则 $X_9=1$，否则 $X_9=0$。

X_{17}：公司生命周期所处的阶段，本书以留存收益资产比率来代表，即

$$X_{17}=\frac{（盈余公积金+未分配利润）}{期末与期初资产总额的平均值}。$$

（3）控制变量

行为$_j$：是否属于某一个行业。$j=10\cdots16$。

若属于电信行业，则行业$_{10}=1$，否则行业$_{10}=0$。

若属于信息技术行业，则行业$_{11}=1$，否则行业$_{11}=0$。

若属于健康护理行业，则行业$_{12}=1$，否则行业$_{12}=0$。

若属于主要消费行业，则行业$_{13}=1$，否则行业$_{13}=0$。

若属于可选消费行业，则行业$_{14}=1$，否则行业$_{14}=0$。

若属于工业行业，则行业$_{15}=1$，否则行业$_{15}=0$。

若属于原材料行业，则行业$_{16}=1$，否则行业$_{16}=0$。

8.3 研究假设的提出

根据股利信号理论，现金股利对外传递了公司盈利的信息。无论绝对控股、相对控股还是制衡控股公司来说，盈利能力的大小对于现金股利的分配都是至关重要的。而 Fama 和 Babiak 认为"当年的股利是当年盈利与去年盈利的函数"。为此，本书提出假设 11 和假设 11a。

假设 11：在三种控制权下，盈利能力与每股股利之间存在正相关关系。

假设 11a：在三种控制权下，每股利润和每股留存收益对每股股利均有影响，但二者对每股股利的影响程度不同。

尽管国内学者的研究并没有严格区分不同控制权下资产负债率与现金股利的关系，但是陈国辉等[90]、吕长江等[89]、谢军[91]、魏锋等[78]、冯阳[86]和郑荣[87]的研究结论显示：资产负债率与现金股利之间存在负相关关系。Rozeff（1982）的代理成本也认为财务杠杆是决定现金股利重要因素。并且，上文分配与否的实证检验说明，负债对于管理者和股东具有一定的约束能力。为此，提出假设 12：

假设 12：在三种控制权下，资产负债率与每股股利之间存在负相关关系。

公司的成长性与股利分配息息相关。通常认为公司处于成长时期，成长机会多，需要的现金流量比较大，因此，公司倾向少发股利或者不发股利。股利的结果模型认为，在公司治理较好的情况下，投资机会多的公司也倾向少发股利。现有文献资料来看，国内外学者（见上文文献综述）均认为投资机会多，公司的现金股利支付的就少。但股利的替代模型认为，在中小股东权益保护不好的情况下，投资机会越多的公司，现金股利发放的就越多。在不同控制权公司中，由于存在控制权私利，则投资决策就有可能成为控股股东转移资金的手段。为此，本书提出以下假设。

假设 13：在不同控制权下，资产增长率对每股股利的影响不同。

假设 14：企业所处的不同生命周期对不同控制权下的现金股利有影响。

国内外研究普遍认为公司规模对现金股利政策会有较大影响。规模较大的公司一方面竞争能力较强，且更易于筹资；另一方面，规模较大的公司往往处于成熟期，扩张欲望并不强烈，公司的投资机会较少，因此规模较大的公司拥有更多现金流，更倾向于发放现金股利。为此，本书提出以下假设。

假设 15：在三种控制权下，资产规模与每股股利存在正相关关系。

国内外大多数研究认为第一大股东持股比例对于现金股利的影响是非线性的。袁振兴根据沪市 2001~2004 年数据研究得到股权集中度与现金股利存在 N 形变化关系。根据绝对控股、相对控股和制衡控股持股比例的特征，本书提出以下假设。

假设 16a：绝对控股公司第一大股东持股比例与每股股利存在 U 形变化关系。

假设 16b：相对控股公司第一大股东持股比例与每股股利存在倒 U 形变化关系。

假设 16c：制衡控股公司第一大股东持股比例与每股股利存在倒 U 形变化关系。

在我国证券市场上，流通股股东一直比较偏好股票股利。并且国内大部分学者的研究结论也是流通股比例与现金股利的支付情况呈负相关。但对于国家股及法人股比例与现金股利政策的关系，学者的研究具有较大的分歧。为此，本书提出以下假设。

假设 17：三种控制权下，流通股与每股股利存在负相关关系。

假设 18：三种控制权下，国有股与每股股利无关。

根据每股股利描述性统计资料显示，每股股利呈现 W 形变化趋势，相对比较稳定。股利支付率呈现逐渐下降的变化趋势。显然，半强制分红制度但对于上市公司的影响不是很明显。为此，提出：

假设 19：在三种控制权下，半强制性分红制度与每股股利无关。

8.4 研究内容设计

本节主要研究控股股东对现金股利分配多少影响。具体研究内容如下。

首先，本节以 2003~2010 年 5 566 个现金股利分配公司为样本，根据第一大股东持股比例的不同，结合邓建平等[119]控制权结构的第一类划分方法，将 5 566 个现金股利分配公司分成绝对控股公司、相对控股公司和制衡控股公司三组样本。然后，分别对三组控制权样本进行如下实证研究。

其次，本节以每股股利为解释变量，以当期盈利-每股利润作为盈利能力指标，分别以每股利润、资产负债率、资产增长率、资产规模的对数、第一大股东的持股比例、第一大股利持股比例的平方、第一大股东是否是国家股、第一大股东是否是流通股以及政策因素、行业因素作为解释变量，通过OLS研究影响因素。实证回归模型如公式（8.1）：

$$\begin{aligned}每股股利(Y_3^1) =\ & a + b_1 \text{每股利润} + b_2 \text{资产负债率} + b_3 \text{资产增长率} + \\ & b_4 \text{资产规模的对数} + b_5 \text{第一大股东持股比例} + \\ & b_6 \text{第一大股东持股比例的平方} + b_7 \text{是否国家股} + \\ & b_8 \text{是否流通股} + b_9 \text{政策因素} + \sum_{j=10}^{16} b_j \text{行业}_j\end{aligned} \quad (8.1)$$

第三，以累计盈利-每股留存收益作为盈利能力指标，利用公式（8.2）分析现金股利的影响因素。

$$\begin{aligned}每股股利(Y_3^2) =\ & a + b_1 \text{每股留存收益} + b_2 \text{资产负债率} + b_3 \text{资产增长率} + \\ & b_4 \text{资产规模的对数} + b_5 \text{第一大股东持股比例} + \\ & b_6 \text{第一大股东持股比例的平方} + b_7 \text{是否国家股} + \\ & b_8 \text{是否流通股} + b_9 \text{政策因素} + \sum_{j=10}^{16} b_j \text{行业}_j\end{aligned} \quad (8.2)$$

第四，以每股利润为盈利能力指标，加入生命周期影响因素-留存收益资产比，通过OLS研究影响因素。实证回归模型如公式（8.3）：

$$\begin{aligned}每股股利(Y_3^3) =\ & a + b_1 \text{每股利润} + b_2 \text{资产负债率} + b_3 \text{资产增长率} + \\ & b_4 \text{资产规模的对数} + b_5 \text{第一大股东持股比例} + \\ & b_6 \text{第一大股东持股比例的平方} + b_7 \text{是否国家股} + \\ & b_8 \text{是否流通股} + b_9 \text{政策因素} + \sum_{j=10}^{16} b_j \text{行业}_j + \\ & b_{17} \text{留存收益资产比}\end{aligned} \quad (8.3)$$

最后，本节以2006~2010年3 898个现金股利分配公司为样本，重新进行如上分析，以便验证公司内部经营因素对公司现金股利分配影响的稳定性。

8.5 研究数据的描述性统计

表8-1是每股利润、每股留存收益、留存收益资产比率、资产负债率、资产增长率、资产规模和第一大股东持股比例的描述性统计。绝对控股公司的每股利润和每股留存收益的均值高于相对控股和制衡控股的均值。制衡控股公司留存收益资产比率均值大于其他两种控制权公司的均值。这显示出制衡公司的发展处于相对成熟的阶段。三种形式公司的资产负债率均值都处于50%以下，相对控股公司的负债水平相对较高。但绝

对控股公司资产负债率的极大值（93.7%）远远高于相对控股和制衡控股公司资产负债率的极大值（89.4%、87.4%）。这说明相对控股和制衡控股公司负债的约束能力高于绝对控股公司。制衡公司的投资机会较多，这符合处于相对成熟发展阶段的公司情况。尽管绝对控股公司的投资机会处于三种控制权结构的中间，但是绝对控股公司的资产规模却是三种控制权结构中最大者。虽然绝对控股公司的资产增长率没有制衡控股公司大，但是由于资产规模较大，所以投资所需的资金并不一定少于制衡控股公司。因此，现金股利支付数量的多少对于绝对控股公司而言也是十分重要。尽管制衡控股公司的资产增长率较高，但资产规模却最低。绝对控股、相对控股和制衡控股公司第一大股东持股比例分别为60.1%、37%和22.6%。

表8-1 不同控制权结构下影响因素的描述性统计分析

影响因素	控制权结构	均值	中值	标准差	极小值	极大值
每股利润/ (元·股$^{-1}$)	绝对控股	0.515	0.360	0.531	-0.493	6.280
	相对控股	0.437	0.335	0.381	-0.267	3.220
	制衡控股	0.494	0.380	0.484	-0.510	5.893
每股留存收益/ (元·股$^{-1}$)	绝对控股	1.370	1.078	1.187	-0.052	17.038
	相对控股	1.295	1.076	0.933	-0.004	10.912
	制衡控股	1.316	1.077	1.048	-0.730	10.190
留存资产收益 比率/%	绝对控股	16.6	14.6	9.7	-0.6	62.8
	相对控股	15.8	14.0	8.7	0.0	79.2
	制衡控股	17.1	15.3	9.2	-21.6	72
资产负债率/ %	绝对控股	43.7	44.0	17.2	3.2	93.7
	相对控股	44.6	45.4	17.7	1.9	89.4
	制衡控股	39.5	40.5	18.4	2.4	87.4
资产增长率/ %	绝对控股	21.7	15.1	26.0	-64.1	200
	相对控股	21.5	14.7	27.0	-91.4	163.3
	制衡控股	29.1	18.1	33.9	-77.3	157.8
资产规模 (ln资产)	绝对控股	21.992	21.759	1.376	19.112	29.588
	相对控股	21.450	21.377	1.001	19.135	25.202
	制衡控股	21.218	21.026	1.085	18.999	25.648
第一大股东持股 比例/%	绝对控股	60.1	58.8	7.8	50.0	86.5
	相对控股	37.0	38.1	8.1	20.0	50.0
	制衡控股	22.6	22.5	7.3	3.7	50.0

注：表中的资产规模为公司资产数额的对数值。

8.6 实证结果与分析

8.6.1 不同控制权公司股利分配与当期盈利和成长性关系的实证研究

8.6.1.1 2003~2010年样本数据的实证结果与分析

表8-2是不同控制权下，公司经营因素、控制权结构和政策因素对现金股利分配多少的OLS回归结果。绝对控股、相对控股和制衡控股回归方程的R分别达到72.7%、61.4%和66.1%，方差分析的显著性均为0.000，DW值分别为2.049、1.963和1.976。除了控制权结构U形关系外，其他影响因素均不存在共线性。因此，模型（8.1）拟合程度较好。

表8-2 2003~2010年不同控制权下现金股利影响因素的实证结果（每股利润）

变量	绝对控股				相对控股				制衡控股			
	B	t	Sig.	VIF	B	t	Sig.	VIF	B	t	Sig.	VIF
每股利润	0.280***	39.022	0.000	1.220	0.252***	32.705	0.000	1.353	0.189***	20.454	0.000	1.417
资产负债率	-0.118***	-5.244	0.000	1.243	-0.123***	-7.150	0.000	1.440	-0.183***	-7.380	0.000	1.482
资产增长率	-0.012	0.806	0.420	1.204	-0.003	-0.250	0.803	1.290	0.063***	4.716	0.000	1.475
资产规模的对数	-0.001	-0.162	0.871	1.662	0.003	0.826	0.409	1.667	0.011***	2.429	0.015	1.846
第一大股东持股比例	-2.133***	-3.646	0.000	172.583	0.994***	3.492	0.000	84.214	-0.329	-1.238	0.216	26.532
第一大股东持股比例的平方	1.695***	3.690	0.000	173.225	-1.334***	-3.376	0.001	84.071	0.755	1.339	0.181	26.754
是否是国家股	0.009	1.023	0.306	1.270	-0.002	-0.453	0.651	1.183	-0.007	-0.815	0.415	1.120
是否流通	-0.031***	-3.192	0.001	1.476	-0.029***	-4.732	0.000	1.362	-0.035***	-3.556	0.000	1.385
行业1	0.004	0.147	0.883	1.339	0.001	0.053	0.958	1.982	-0.021	-0.598	0.550	2.827
行业2	0.009	0.449	0.654	1.757	0.008	0.399	0.690	5.018	-0.064**	-2.144	0.032	7.766
行业3	0.035*	1.768	0.077	1.779	0.018	0.906	0.365	4.093	-0.039	-1.274	0.203	6.758
行业4	0.058***	3.199	0.001	1.988	0.055***	2.782	0.005	3.833	-0.061*	-1.894	0.058	4.088
行业5	-0.005	-0.297	0.766	2.511	0.031*	1.742	0.082	7.787	-0.056	-1.889	0.059	8.615
行业6	0.003	0.205	0.837	3.700	0.014	0.777	0.437	10.418	-0.069**	-2.383	0.017	11.416

续表

变量	绝对控股				相对控股				制衡控股			
	B	t	Sig.	VIF	B	t	Sig.	VIF	B	t	Sig.	VIF
行业7	0.015	1.048	0.295	3.595	0.016	0.865	0.387	8.593	-0.068**	-2.301	0.022	9.986
有无半强制性分红	-0.010	-1.190	0.234	1.499	-0.013**	-1.994	0.046	1.263	-0.025**	-2.641	0.008	1.240
(常量)	0.769***	3.762	0.000		-0.136	-1.568	0.117		0.011	0.105	0.916	
R	0.727				0.614				0.661			
R方	0.529				0.377				0.438			
DW	2.049				1.963				1.976			
Anova F	119.895				98.114				58.644			
Sig.	0.000				0.000				0.000			
样本数	1 728				2 615				1 223			
极值点	0.629				0.373				—			

注：***、**、*分别代表在1%、5%、10%统计水平下显著。表8-2是利用2003~2010年样本数据研究现金股利分配多少的影响因素。表中的影响因素和前文分配意愿的影响因素是一致的。其中每股利润代表公司的盈利能力。本表分为两个部分，上半部分是各个影响因素OLS的回归系数及其显著水平，下半部分是回归模型的显著水平说明。表中的最后一栏极值点是控制权结构中U形关系的驻点，其中绝对控股、相对控股的极值点通过实证检验，而制衡控股的极值点未通过实证检验。绝对控股的股权结构对每股股利的影响呈现U形关系，而相对控股的股权结构对每股股利的影响呈现倒U形关系。

无论是绝对控股，还是相对控股，或者制衡控股，在1%统计水平下，每股利润与现金股利之间存在显著的正相关关系，即每股利润越大，则现金股利分配的就越多。这进一步证明当期净利润是公司股利分配的关键因素。这完全验证了Lintner等的研究结论。在1%统计水平下，在三种控制权结构下，资产负债率、流通股与现金股利之间存在显著的负相关关系，即资产负债率低，第一大股东是流通股，则现金股利分配得少。债务水平对企业管理者和股东具有约束能力，公司现金股利的发放会受到债务水平高低的影响。这也进一步证明Easterbrrook的股利代理成本的存在。流通股股东并不希望支付太多的现金股利。增加现金股利有利于非流通股收回投资，但减少了控股股东控制的现金流，这对于流通股股东是不利的。因此，第一大股东是流通股，其并不希望发放太多的现金股利，流通股股东更希望通过资本利得获得收益。除了每股利润、资产负债率和流通股以外，其他影响因素均未在三种控制权结构下同时具有影响现金股利。这说明公司的盈利性、负债水平和流通股是影响现金股利分配多少的核心因素。而从三者的回归系数来看，每股利润B值（0.280、0.252、0.189）和资产负债率B值（-0.118、-0.123、-0.183）的绝对值远远大于流通股B值（-0.031、-0.029、-0.035）的绝对值，所以，每股利润、资产负债率对现金股利的影响在现金股利决策中的作用较大。

在绝对控股和相对控股的控制权结构下，第一大股东持股比例与现金股利之间存在U形关系，并且回归系数也是所有因素中最高的，但U形关系的方向有所不同。绝对控股情况下，第一大股东持股比例与现金股利存在正U形关系，而相对控股情况下，第一大股东持股比例与现金股利之间存在倒U形关系。即在绝对控股的上市公司，现金股利首先随着第一大股东持股比例的上升而逐步下降，当第一大股东持股比例达到62.9%的时候，现金股利达到最小值，之后现金股利随着第一大股东持股比例的上升而逐渐上升。在相对控股的上市公司，现金股利与第一大股东持股比例的变化正好相反。现金股利首先随着第一大股东持股比例的上升而上升，当第一大股东持股比例达到37.3%的时候，现金股利达到最大值，之后现金股利随着第一大股东持股比例的上升而逐步下降，尽管制衡控股的上市公司的现金股利与第一大股东之间的U形关系不具有统计显著水平。

尽管资产增长率、资产规模在绝对控股和相对控股权情况下对现金股利分配多少不具有影响，但在1%统计水平下，制衡控股公司的资产增长率、资产规模与现金股利呈现正相关关系，即资产增长率越高，资产规模越大，则现金股利支付的就越多。上文描述性统计显示，制衡控股公司的资产增长率均值为29.1%，远远高于绝对控股和相对控股公司的资产增长率。当面临投资机会时，由于股东之间存在制衡，可以增加彼此的信任，增加股利，有利于股东持股的信心，从而为投资募集更多、更稳定的资金支持。这符合股利的替代代理模型。但在绝对控股和相对控股公司，由于资产增长率低，且控制权相对集中，通过股利证明信用的作用不大，因此，资产增长率与现金股利之间的关系呈现反向变化，即投资机会多，现金股利少。但这种关系未通过实证检验。因此，股利的替代代理模型只是适用于制衡公司的股利决策解释。在绝对控股和相对控股的情况下，公司规模并不像以前大多数研究结论所宣称的，规模越大，现金股利支付的就越多。与此相反，在制衡控制权的公司，规模越大，现金股利支付的越多，而从上文统计资料显示，制衡控股公司的规模是三种控制权公司中最小的。因此，上市公司的现金股利似乎变得越来越"小气"了。随着投资机会的增加，公司规模不断增加，拥有控制权的上市公司股利支付水平的下降，所以才导致整个证券市场股利支付的减少，从而形成前面研究中中国证券市场也在经历"股利消失"的结论。尽管在政策上，我国实施了半强制性分红，但是20%、30%的股利支付水平在股利分配政策中仍然属于低股利政策，因此，合理制定股利分配的法律规定才是转变目前证券市场股利消失的根本。

在绝对控股情况下，政策因素对现金股利无影响。但在5%统计水平下，相对控股和制衡控股公司的现金股利与政策因素之间存在负相关关系。也就是说，随着半强制分红政策的实施，相对控股和制衡控股公司的现金股利支付的更少。这将进一步加剧了上市公司"股利的消失"。国家股对现金股利分配无影响。这就是说，无论在哪种控制权公司中，国有股和非国有股股东一样，他们主要根据公司的经营因素、控制权利益大小决定股利分配的大小，而与是否是国有股无关。

行业因素对现金股利的影响并不确定。在绝对控股关系下，行业3（健康护理）和行业4（主要消费）与现金股利存在正相关关系。在相对控股关系下，只有行业4（主要消费）与现金股利正相关关系。在制衡控股关系下，有五个行业（信息技术、主要消费、可选消费、工业和原材料）与现金股利呈现负相关关系。这说明随着控制权的分散，行业因素在股利决策中的作用在凸显。

在绝对控股情况下，第一大股东持股比例对现金股利的影响是显著的。随着第一大股东拥有的控制权比例上升，第一大股东通过非现金方式也可以获得控制权收益。现金股利在第一大股东持股比例达到62.7%时，现金股利达到最小值。随着控制权比例的上升，尽管第一大股东仍然可以通过其他途径获得控制权收益，但是通过现金股利方式直接获得控制权收益的成本较低，所以，现金股利随着控制权比例的上升而上升。每股利润的大小也是控股股东考虑现金股利的关键因素。公司盈利能力越好，现金股利支付的就越多。当公司资产负债率上升、投资机会增加、规模增大，现金股利的支付就会减少。这反映出控股股东在制定股利政策时，倾向于剩余股利政策。第一大股东是流通股，上市公司的现金股利也会减少。这反映出第一大股东倾向于资本利得收益，或者其他非现金股利的收益。

在相对控股情况下，第一大股东持股比例也会显著影响现金股利。与绝对控股关系不同，随着第一大股东持股比例的上升，相对控制权公司的现金股利会上升。这是由于第一大股东通过非现金股利方式获得控制权收益的成本较高。在控制权比例达到37.5%的时候，现金股利的支付达到最高点。随着持股比例的进一步上升，第一大股东通过非现金股利方式获得控制权收益的成本进一步下降，所以，公司减少了现金股利的发放。与绝对控股公司一样，每股利润、负债率也是影响公司现金股利的关键因素。与绝对控股公司类似，资产增长率、公司规模和国有股与现金股利无关，流通股与现金股利呈现负相关关系。这是因为流通股股东更希望获得资本利得。

在制衡控股关系下，由于股东持股比例较为近似，所以第一大股东对公司的影响性就不明显了，但是流通股对现金股利的影响依然存在。同时，在制衡控股情况下，每股利润依然是企业现金股利分配的根本因素。由于制衡关系的存在，公司的负债、投资机会、资产规模对现金股利的影响性就更为突出了。特别是资产增长率和公司规模与现金股利存在正相关关系。这充分反映了制衡关系的存在，弱化了控制权利益，提高了公司信用。而现金股利就是提高信用的主要手段。股利的替代代理模型由此得以证明。

综上所述，现金股利分配多少的关键因素是股权的控制结构、盈利能力和负债水平。公司的投资机会会受到控制权结构的不同，而对现金股利产生不同的影响。

8.6.1.2 2006～2010年样本数据的稳定性检验

为了进一步验证8.6.1.1中研究结论的稳定性，本书选取2006～2010年数据重新进行8.6.1.1中的实证检验。表8-3是以每股利润代表盈利能力的稳定性检验结果。

2006～2010年实证结果（表8-3）显示第一大股东持股比例与现金股利之间的关系保持稳定，即绝对控股公司第一大股东持股比例与现金股利存在U形关系，相对控股公司第一大股东持股比例与现金股利存在倒U形关系，且极值点基本一致。制衡控股第一大股东持股比例与现金股利无关。三种控制权下，每股利润与现金股利显著正相关；资产负债率、流通股与现金股利存在负相关关系。其中，每股利润和流通股的显著水平与2003～2010年实证结果的显著水平完全一致。绝对控股公司资产负债率的显著水平有所降低，从2003~2010年1%统计显著下降到2006~2010年的10%统计显著。相对控股和制衡控股公司资产负债率与现金股利的统计显著水平没变。而制衡控股公司的资产增长率和资产规模与企业现金股利仍然保持正相关关系。国家股仍然与现金股利无关，而流通股与现金股利存在负相关关系。政策因素从有无限定，改为是否实施了30%的分红制度，而2006~2010年数据显示，30%分红制度对三种控制权公司均无影响。也就是说，证监会提高分红比例并没有显著减少"正在消失的股利"。因此，合理制定分红政策十分必要。另外，2006~2010年实证结果显示，绝对控股和相对控股公司的行业因素与现金股利的关系没有改变，但是制衡控股公司中行业因素的影响则完全消失了。

稳定性检验结果证明：在不同控制权结构下，影响现金股利的因素是稳定的。

表8-3 2006~2010年不同控制权下现金股利影响因素的实证结果（每股利润）

变量	绝对控股				相对控股				制衡控股			
	B	t	Sig.	VIF	B	t	Sig.	VIF	B	t	Sig.	VIF
每股利润	0.28***	32.825	0.000	1.164	0.248***	28.745	0.000	1.315	0.173***	17.624	0.000	1.399
资产负债率	-0.134*	-4.205	0.000	1.331	-0.117***	-5.537	0.000	1.522	-0.173***	-5.557	0.000	1.780
资产增长率	0.007	0.360	0.719	1.251	-0.001	-0.095	0.924	1.311	0.062***	4.148	0.000	1.537
资产规模的对数	0.000	0.042	0.966	1.766	0.001	0.341	0.733	1.704	0.012**	2.315	0.021	1.969
第一大股东持股比例	-2.633***	-3.160	0.002	163.227	1.059***	3.200	0.001	81.094	-0.297	-0.989	0.323	25.131
第一大股东持股比例的平方	2.092***	3.182	0.002	164.543	-1.418***	-3.065	0.002	81.175	0.782	1.236	0.217	25.409
是否是国家股	0.004	0.356	0.722	1.338	0.003	0.451	0.652	1.230	-0.010	-0.945	0.345	1.169
是否流通	-0.036***	-3.137	0.002	1.266	-0.027***	-3.881	0.000	1.286	-0.041***	-3.751	0.000	1.403
行业1	0.031	0.802	0.423	1.260	0.003	0.098	0.922	1.976	0.055	1.337	0.182	3.114
行业2	0.009	0.301	0.764	1.700	0.004	0.159	0.874	5.010	-0.005	-0.150	0.881	8.336
行业3	0.074***	2.597	0.010	1.682	0.018	0.799	0.424	4.028	0.017	0.465	0.642	6.390
行业4	0.100***	3.895	0.000	1.896	0.052**	2.248	0.025	3.846	0.005	0.135	0.892	4.113
行业5	0.005	0.236	0.813	2.435	0.036*	1.687	0.092	7.348	-0.007	-0.189	0.850	9.295
行业6	0.001	0.072	0.943	3.373	0.003	0.152	0.879	9.921	-0.013	-0.380	0.704	12.403
行业7	0.022	1.063	0.288	3.241	0.016	0.734	0.463	8.139	-0.008	-0.233	0.815	11.053

续表

变量	绝对控股				相对控股				制衡控股			
	B	t	Sig.	VIF	B	t	Sig.	VIF	B	t	Sig.	VIF
是否30%半强制性分红	-0.013	-1.112	0.266	1.201	-0.004	-0.605	0.545	1.245	0.013	1.222	0.222	1.222
(常量)	0.911***	3.169	0.002		-0.130	-1.269	0.204		-0.012	-0.827	0.408	
R	0.765				0.618				0.683			
R方	0.584				0.382				0.466			
DW	2.115				1.964				1.976			
Anova F	85.717				76.838				47.906			
Sig.	0.000				0.000				0.000			
样本数	992				2 010				896.000			
极值点	0.629				0.373				—			

注：***、**、*分别代表在1%、5%、10%统计水平下显著。表8-3是利用2006～2010年样本数据验证现金股利分配多少影响因素的稳定性。与表8-2唯一不同的影响因素是政策因素。这里的政策因素是以是否实施30%的半强制性分红为标准。

8.6.2 不同控制权公司股利分配与累计盈利和成长性关系的实证研究

为了进一步区分与验证累计盈余对现金股利的作用，本书以每股留存收益代替每股利润，与公司控制权指标、经营因素、政策因素一起，根据2003～2010年本数据重新进行OLS回归检验，并且利用2006～2010年样本数据进行稳定性检验。表8-4是2003～2010年样本数据的实证结果。表8-5是2006～2010年样本数据的稳定性检验的实证结果。

8.6.2.1 2003～2010年样本数据的实证结果与分析

表8-4是每股留存收益代表盈利能力情况下，不同控制权结构对现金股利影响的2003～2010年样本数据实证结果。2003～2010年绝对控股、相对控股和制衡控股回归方程的R分别达到57.4%、45.4%和52.2%，方差分析的显著性均为0.000，DW值分别为1.976、1.9和1.828。且除U形关系检验外，其他因素均不存在共线性问题。因此，模型（8.2）拟合程度较好。

在三种控制权结构下，公司的每股留存收益、资产负债率、资产增长率、流通股对现金股利均有影响。其中，每股留存收益和资产增长率与现金股利存在正相关关系，即每股留存收益越高、资产增长率越高，则现金股利越高。资产负债率和流通股与现金股利存在负相关关系，即资产负债率越高，第一大股东为流通股，则现金股利就越少。

绝对控股公司第一大股东持股比例与现金股利存在U形关系，极值点为61.6%；

相对控股公司第一大股东持股比例与现金股利存在倒 U 形关系，极值点为 38.4%；制衡控股公司第一大股东持股比例平方与现金股利呈现正相关关系，两者之间存在半 U 形关系（即 U 形的右半边统计显著，左边不显著）。绝对控股公司的规模与现金股利无关，而相对控股和制衡控股公司的资产规模与现金股利存在正相关关系，即资产规模越大，现金股利就越多。

绝对控股公司中，在 10% 统计水平下，第一大股东为国家股，则现金股利支付的就越多；而相对控股和制衡控股公司中，第一大股东为国家股并不影响现金股利的支付。行业因素的变化也不规律。绝对控股公司只有 1 个行业，即行业 4（主要消费）与现金股利存在正相关关系；相对控股公司也是行业 4 与现金股利存在正相关关系；相对控股公司中，有 5 个行业，即行业 2（信息技术）、行业 4（主要消费）、行业 5（可选消费）、行业 6（工业）和行业 7（原材料）与现金股利存在负相关关系。

8.6.2.2 2006~2010 年样本数据的稳定性检验

表 8-5 是每股留存收益代表盈利能力情况下，不同控制权结构对现金股利影响的 2006~2010 年实证结果。2006~2010 年绝对控股、相对控股和制衡控股回归方程的 R 比 2003~2010 年的回归方程的 R 有所提高，方差分析的显著性均为 0.000，DW 值分别为 2.053、1.947 和 1.974。且除 U 形关系检验外，其他因素均不存在共线性问题。因此，2006~2010 年数据进一步证明模型 (8.2) 拟合程度较好。

每股留存收益、资产负债率、资产增长率、第一大股东持股比例和流通股都对现金股利的影响，在三种控制权结果下，2006~2010 年的实证结果与 2003~2010 年的实证结果保持一致。

但是国家股、资产规模和行业因素对现金股利的影响有所改变。2006~2010 年数据显示，绝对控股公司第一大股东是国家股对现金股利不产生影响。这与 2003~2010 年数据中在 10% 统计水平下，国家股与现金股利之间的正相关关系不同。而相对控股和制衡控股公司中国家股与现金股利仍然保持无关关系。2006~2010 年，相对控股的资产规模与现金股利无关。这与 2003~2010 年的数据中正相关关系不同。绝对控股公司资产规模与现金股利依然保持无关，制衡控股公司资产规模与现金股利依然保持正相关关系。2006~2010 年行业因素改变最多。制衡公司的行业因素与现金股利无关。这与 2003~2010 年数据中 5 个行业负相关产生巨大差异。相对控股公司行业因素与现金股利也无关。而在 2003~2010 年数据中，有 1 个行业与现金股利有关。绝对控股公司中 2 个行业与现金股利有关，比 2003~2010 年的相关因素增加了行业 3（健康护理）对现金股利的影响。

2006~2010 年数据显示：只有绝对控股公司的政策因素与现金股利呈现相关关系，而相对控股和制衡控股公司的政策因素与现金股利无关。也就是说，在有无分红比例政策约束时，制衡控股公司政策因素与现金股利负相关，而提高分红比例，只是降低了绝对控股公司的现金股利，而不影响制衡控股和相对控股公司。因此，无论是否采用分红比例限制，还是提高分红比例政策，均没有提高公司现金股利的支付水平。

尽管存在以上的差异，但是从大多数因素与现金股利之间的关系保持一致。因此，模型 (8.2) 对于现金股利的解释基本保持稳定。

8.6.2.3　每股利润与每股留存收益对现金股利支付影响的差异

尽管模型（8.1）和模型（8.2）的拟合效果均良好，但是模型（8.2）的拟合效果与模型（8.1）的拟合效果相比较低。显然，包含每股留存收益的模型（8.2）虽然能够解释现金股利的决策，但是包含每股利润的模型（8.1）对于现金股利决策的解释力度要更大一些。

从回归系数的显著性分析看，模型（8.2）与模型（8.1）的最大差异就在于资产增长率对于现金股利的影响。以每股利润代表盈利能力的模型（8.1）中只有制衡公司的资产增长率与现金股利存在正向关系（表 8-5），而绝对控股和相对控股公司资产增长率与现金股利无关。而以每股留存收益代表盈利能力的模型（8.2）显示：无论是制衡控股，还是绝对控股和相对控股公司，资产增长率与现金股利之间均存在正相关关系。即投资机会愈多，公司现金股利支付的就越多。从累计盈利角度出发，三种控制权公司试图将现金股利是否发放作为自身信用建立的一个工具。在面临投资机会的时候，其通过增加现金股利，稳定现有股东，募集更多的资金。股利的替代代理模型，在累计盈利的作用下，在三种控制权公司均得到证明。

在绝对控股公司中资产规模因素在模型（8.1）和模型（8.2）中均与现金股利无关。在制衡控股公司中资产规模在模型（8.1）和模型（8.2）中均与现金股利呈现正相关关系。而在相对控股的情况下，以每股利润代表的模型（8.1）显示资产规模与现金股利的正向变化关系（未通过显著水平检验），而以每股留存收益代表的模型（8.2）显示资产规模与现金股利之间存在正相关关系。

在描述性统计分析中，制衡控股公司的资产增长率均值最大，而企业资产规模均值是三种控制权中最小的。当制衡公司想要实现投资，增加规模，就必须大量的现金流。而制衡控股公司的累计盈余水平有限，公司就必须向资本市场募集资金。因此，是否发放现金股利就是制衡公司向外建立信用的一个因素。而随着资产增长率的提高，公司规模的提高，制衡公司的现金股利同时增加。相对控股公司的资产增长率、每股留存收益均值是三种控制权中最小的。当相对控股公司面临投资机会的时候，如果项目规模较大，就需要通过外部市场募集资金。相对控股公司也是通过股利政策建立信用，从而形成资产增长率增加，现金股利增加。而资产规模与现金股利之间存在正向变化趋势。绝对控股公司的每股留存收益均值最大，但是公司的规模也是最大的。随着绝对控股公司资产增长率的提高，公司所需的资金就会增长，尽管留存收益较多，但是由于规模基数大，所以绝对控股公司也必须对外募集资金，而股利是否支付成为其建立信誉的一个必须手段。所以，绝对控股公司随着资产增长率的提高，现金股利会增加。

这就是说，以每股留存收益替代每股利润，随着投资机会的增加，现金股利在逐渐增多，而资产规模对现金股利的限制作用在逐渐增加。每股留存收益替代每股利润，将公司的盈利能力从当期净利润转为历年累计利润。这涉及公司的内部积累与投资决策。而回归结果最大的变化就是资产增长率和企业规模。这说明公司的发展与积累对现金股利可能会有影响。而企业生命周期是影响公司积累与发展的关键因素。因此，在分析公司现金股利影响因素中应该考虑企业生命周期指标。

表 8-4 2003~2010 年不同控制权下现金股利影响因素的实证结果（留存收益）

变量	绝对控股				相对控股				制衡控股			
	B	t	Sig.	VIF	B	t	Sig.	VIF	B	t	Sig.	VIF
每股留存收益	0.097***	25.470	0.000	1.251	0.069***	20.114	0.000	1.321	0.066***	14.983	0.000	1.326
资产负债率	-0.104***	-3.949	0.000	1.250	-0.125***	-6.529	0.000	1.472	-0.200***	-7.555	0.000	1.483
资产增长率	0.123***	7.405	0.000	1.133	0.093***	8.400	0.000	1.138	0.128***	9.556	0.000	1.296
资产规模的对数	-0.001	-0.305	0.761	1.699	0.008**	2.088	0.037	1.763	0.014***	2.655	0.008	1.938
第一大股东持股比例	-2.065***	-3.010	0.003	173.106	0.996***	3.163	0.002	84.351	-0.456	-1.599	0.110	26.948
第一大股东持股比例的平方	1.675***	3.110	0.002	173.814	-1.297***	-2.968	0.003	84.240	1.024*	1.690	0.091	27.192
是否是国家股	0.018*	1.734	0.083	1.279	-0.009	-1.495	0.135	1.186	-0.006	-0.666	0.505	1.124
是否流通	-0.057***	-4.945	0.000	1.495	-0.043***	-6.361	0.000	1.362	-0.042***	-4.008	0.000	1.384
行业 1	-0.021	-0.692	0.489	1.341	-0.031	-1.177	0.239	1.985	-0.040	-1.072	0.284	2.827
行业 2	-0.018	-0.772	0.440	1.752	-0.008	-0.381	0.703	5.013	-0.073**	-2.280	0.023	7.762
行业 3	0.024	1.043	0.297	1.779	0.005	0.224	0.823	4.091	-0.040	-1.245	0.214	6.760
行业 4	0.048**	2.288	0.022	1.988	0.047**	2.182	0.029	3.836	-0.061*	-1.784	0.075	4.088
行业 5	-0.030	-1.537	0.124	2.507	0.018	0.885	0.376	7.781	-0.069**	-2.198	0.028	8.605
行业 6	-0.023	-1.337	0.181	3.684	-0.001	-0.074	0.941	10.406	-0.076**	-2.448	0.014	11.413
行业 7	-0.020	-1.151	0.250	3.562	-0.003	-0.141	0.888	8.577	-0.082***	-2.618	0.009	9.983
有无半强制性分红	-0.001	-0.115	0.908	1.501	0.004	-0.516	0.606	1.262	-0.019*	-1.878	0.061	1.237
（常量）	0.750***	3.124	0.002		-0.233**	-2.396	0.017		-0.022	-0.182	0.856	
R	0.595				0.488				0.601			
R 方	0.354				0.239				0.361			
DW	2.017				1.944				1.971			
Anova F	58.617				50.878				42.648			
Sig.	0.000				0.000				0.000			
样本数	1 728				2 615				1 223			
极值点	0.616				0.384				0.223			

注：***、**、* 分别代表在 1%、5%、10% 统计水平下显著。表 8-4 仍然是利用 2003~2010 年样本数据研究现金股利分配多少的影响因素。与表 8-2 不同的是盈利能力的代表指标转为每股留存收益，主要是考虑累计盈余对现金股利的影响。

表 8-5 2006~2010 年不同控制权下现金股利影响因素的实证结果（留存收益）

变量	绝对控股				相对控股				制衡控股			
	B	t	Sig.	VIF	B	t	Sig.	VIF	B	t	Sig.	VIF
每股留存收益	0.099***	21.405	0.000	1.162	0.069***	17.855	0.000	1.266	0.063***	13.168	0.000	1.314
资产负债率	-0.110***	-2.876	0.004	1.338	-0.118***	-4.986	0.000	1.556	-0.188***	-5.681	0.000	1.784
资产增长率	0.136***	6.113	0.000	1.168	0.100***	7.808	0.000	1.151	0.126***	8.524	0.000	1.340
资产规模的对数	-0.001	0.130	0.897	1.790	0.006	1.398	0.162	1.801	0.014**	2.322	0.020	2.083
第一大股东持股比例	-2.403**	-2.404	0.016	163.843	1.059***	2.895	0.004	81.259	-0.459	-1.426	0.154	25.686
第一大股东持股比例的平方	1.898**	2.408	0.016	165.136	-1.392***	-2.720	0.007	81.363	1.144*	1.681	0.093	25.998
是否是国家股	0.012	0.812	0.417	1.343	-0.005	-0.645	0.519	1.230	-0.009	-0.750	0.453	1.174
是否流通	-0.057***	-4.163	0.000	1.280	-0.039***	-5.139	0.000	1.284	-0.045***	-3.877	0.000	1.403
行业1	0.031	0.686	0.493	1.270	-0.037	-1.176	0.240	1.979	0.039	0.890	0.374	3.112
行业2	-0.001	-0.026	0.979	1.704	-0.019	-0.754	0.451	4.999	-0.015	-0.402	0.688	8.331
行业3	0.086**	2.517	0.012	1.687	0.001	0.054	0.957	4.025	0.017	0.435	0.664	6.390
行业4	0.111***	3.613	0.000	1.900	0.038	1.500	0.134	3.845	0.008	0.188	0.851	4.114
行业5	-0.003	-0.109	0.913	2.452	0.019	0.803	0.422	7.339	-0.020	-0.530	0.596	9.284
行业6	-0.013	-0.535	0.593	3.384	-0.019	-0.840	0.401	9.895	-0.018	-0.478	0.632	12.401
行业7	-0.013	-0.553	0.580	3.218	-0.011	-0.486	0.627	8.110	-0.024	-0.632	0.527	11.047
是否30%半强制性分红	-0.037***	-2.663	0.008	1.204	-0.012	-1.434	0.152	1.248	0.007	0.637	0.525	1.222
（常量）	0.834**	2.417	0.016		-0.206*	-1.785	0.074		-0.106	-0.794	0.427	
R	0.637				0.496				0.629			
R方	0.405				0.246				0.396			
DW	2.053				1.947				1.974			
Anova F	41.483				40.583				36.045			
Sig.	0.000				0.000				0.000			
样本数	992.				2010				896			
极值点	0.633				0.380				0.201			

注：***、**、* 分别代表在1%、5%、10%统计水平下显著。表8-5是利用2006~2010年样本数据验证累计盈余作为盈利能力指标后，公司经营因素和政策因素对现金股利分配多少影响的稳定性。

表 8-6 资产增长率、资产规模与现金股利回归系数的显著性比较

变量	绝对控股		相对控股		制衡控股	
	每股利润	每股留存收益	每股利润	每股留存收益	每股利润	每股留存收益
资产增长率	-0.012	0.123***	-0.003	0.093***	0.063***	0.128***
资产规模的对数	-0.001	-0.001	0.003	0.008**	0.011***	0.014***

注：表 8-6 是根据表 8-4 和表 8-5 整理所得。表示了以每股利润、留存收益代替盈利情况下，资产增长率和资产规模与现金股利统计水平发生的变化。其中资产规模与每股留存收益之间正相关关系只是通过 2003~2010 年的实证检验，而未通过 2006~2010 年的稳定性检验。

8.6.2 不同控制权公司股利分配与当期盈利和企业生命周期关系的实证研究

本书根据前面的实证结果，取消每股留存收益，恢复每股利润代表公司的盈利能力，加入生命周期指标－留存收益资产比率，保留其他因素，根据模型（8.3）重新进行 OLS 回归。表 8-7 是不同控制权下，公司经营因素、控制权结构和政策因素对现金股利的 OLS 回归结果：绝对控股、相对控股和制衡控股回归方程的 R 分别达到 72.7%、61.7% 和 66.2%，方差分析的显著性均为 0.000，DW 值分别为 2.049、1.966 和 1.976（表 8-7）。除了控制权结构 U 形关系外，其他影响因素均不存在共线性。因此，模型（8.3）拟合程度较好。表 8-8 是表 8-7 的稳定性检验结果。稳定性检验显示：绝对控股、相对控股和制衡控股回归方程的 R 分别达到 76.5%、62.1% 和 68.3%；方差分析的显著性均为 0.000，DW 值分别为 2.116、1.969 和 1.976（表 8-8）。除了控制权结构 U 形关系外，其他影响因素也不存在共线性。从回归系数的相关关系来看，2003~2010 年和 2006~2010 年实证结果显示：绝对控股和相对控股公司各影响因素与现金股利的关系保持不变；而制衡控股公司中只有行业因素发生了改变，其余影响因素的实证结果保持不变。即稳定性检验进一步证明模型（8.3）拟合效果良好。

表 8-7 2003~2010 年不同控制权下现金股利影响因素的实证结果（留存收益资产比率）

变量	绝对控股				相对控股				制衡控股			
	B	t	Sig.	VIF	B	t	Sig.	VIF	B	t	Sig.	VIF
留存收益资产比	-0.019	-0.373	0.709	2.052	-0.166***	-3.845	0.000	2.242	-0.022	-0.392	0.695	1.929
每股利润	0.282***	34.928	0.000	1.537	0.269***	30.291	0.000	1.808	0.190***	18.923	0.000	1.682
资产负债率	-0.123***	-4.537	0.000	1.825	-0.168***	-8.079	0.000	2.142	-0.189***	-6.454	0.000	2.067
资产增长率	0.010	0.655	0.513	1.327	-0.021*	-1.812	0.070	1.553	0.061***	4.170	0.000	1.752
资产规模的对数	0.000	-0.131	0.896	1.674	0.003	1.036	0.300	1.672	0.012**	2.450	0.014	1.855
第一大股东持股比例	-2.138***	-3.652	0.000	172.653	0.996***	3.508	0.000	84.214	-0.320	-1.201	0.230	26.710

续表

变量	绝对控股				相对控股				制衡控股			
	B	t	Sig.	VIF	B	t	Sig.	VIF	B	t	Sig.	VIF
第一大股东持股比例的平方	1.699***	3.697	0.000	173.302	-1.347***	-3.419	0.001	84.077	0.735	1.298	0.195	26.969
是否是国家股	0.009	1.006	0.315	1.272	-0.003	-0.581	0.561	1.184	-0.007	-0.831	0.406	1.122
是否流通	-0.031***	-3.140	0.002	1.490	-0.026***	-4.270	0.000	1.380	-0.034***	-3.461	0.001	1.415
行业1	0.002	0.088	0.930	1.372	-0.003	-0.125	0.900	1.986	-0.021	-0.609	0.543	2.829
行业2	0.009	0.428	0.668	1.762	0.005	0.281	0.779	5.022	-0.065**	-2.163	0.031	7.796
行业3	0.034*	1.738	0.082	1.787	0.020	1.011	0.312	4.096	-0.039	-1.286	0.199	6.766
行业4	0.057***	3.150	0.002	2.005	0.051***	2.577	0.010	3.845	-0.062*	-1.920	0.055	4.117
行业5	-0.006	-0.342	0.733	2.552	0.028	1.570	0.117	7.804	-0.057**	-1.906	0.057	8.638
行业6	0.002	0.157	0.875	3.759	0.011	0.630	0.529	10.433	-0.070**	-2.399	0.017	11.444
行业7	0.015	1.010	0.313	3.624	0.013	0.713	0.476	8.607	-0.068**	-2.310	0.021	9.994
有无半强制性分红	-0.010	-1.135	0.257	1.522	-0.010	-1.526	0.127	1.281	-0.025***	-2.593	0.010	1.250
(常量)	0.774***	3.777	0.000		-0.107	-1.229	0.219		0.014	0.130	0.897	
R	0.727				0.617				0.662			
R方	0.529				0.380				0.438			
DW	2.049				1.966				1.976			
Anova F	112.794				93.702				55.165			
Sig.	0.000				0.000				0.000			
样本数	1 728				2 615				1 223			
极值点	0.629				0.370				—			

注：***、**、*分别代表在1%、5%、10%统计水平下显著。表8-7是利用2003~2010年样本数据研究考虑公司生命周期不同阶段后，公司经营因素和政策因素对现金股利分配多少的影响。

表8-8 2006~2010年不同控制权下现金股利影响因素的实证结果（留存收益资产比率）

变量	绝对控股				相对控股				制衡控股			
	B	t	Sig.	VIF	B	t	Sig.	VIF	B	t	Sig.	VIF
留存收益资产比	-0.016	-0.220	0.826	2.120	-0.181***	-3.606	0.000	2.255	-0.006	-0.097	0.923	1.932
每股利润	0.281***	29.422	0.000	1.458	0.267***	26.575	0.000	1.789	0.174***	16.177	0.000	1.666
资产负债率	-0.139***	-3.530	0.000	2.033	-0.170***	-6.618	0.000	2.274	-0.175***	-4.758	0.000	2.477

续表

变量	绝对控股				相对控股				制衡控股			
	B	t	Sig.	VIF	B	t	Sig.	VIF	B	t	Sig.	VIF
资产增长率	0.005	0.251	0.802	1.457	-0.024*	-1.718	0.086	1.649	0.061***	3.666	0.000	1.920
资产规模的对数	-0.000	0.049	0.961	1.767	0.002	0.548	0.584	1.710	0.013***	2.312	0.021	1.988
第一大股东持股比例	-2.635***	-3.160	0.002	163.240	1.055***	3.196	0.001	81.095	-0.294	-0.975	0.330	25.365
第一大股东持股比例的平方	2.094***	3.183	0.002	164.569	-1.422***	-3.082	0.002	81.176	0.776	1.219	0.223	25.683
是否是国家股	0.004	0.347	0.729	1.340	0.002	0.300	0.764	1.232	-0.010	-0.948	0.343	1.172
是否流通	-0.035***	-3.087	0.002	1.285	-0.024***	-3.477	0.001	1.302	-0.040***	-3.690	0.000	1.437
行业1	0.029	0.744	0.457	1.309	-0.002	-0.055	0.956	1.979	0.055	1.335	0.182	3.114
行业2	0.008	0.275	0.784	1.721	0.002	0.086	0.931	5.012	-0.006	-0.154	0.878	8.351
行业3	0.074**	2.564	0.011	1.697	0.022	0.953	0.341	4.035	0.017	0.464	0.643	6.390
行业4	0.100***	3.854	0.000	1.913	0.049**	2.123	0.034	3.851	0.005	0.129	0.897	4.129
行业5	0.005	0.195	0.845	2.507	0.033*	1.554	0.120	7.359	-0.007	-0.192	0.847	9.305
行业6	0.001	0.034	0.973	3.468	0.001	0.037	0.970	9.931	-0.014	-0.383	0.702	12.419
行业7	0.021	1.025	0.306	3.298	0.013	0.617	0.537	8.148	-0.008	-0.234	0.815	11.054
有无半强制性分红	-0.013	-1.109	0.268	1.201	-0.004	-0.554	0.579	1.245	0.013	1.217	0.224	1.224
(常量)	0.917***	3.175	0.002		-0.095	-0.919	0.358		-0.101	-0.821	0.412	
R	0.765				0.621				0.683			
R方	0.585				0.386				0.466			
DW	2.116				1.969				1.976			
Anova F	80.599				73.519				45.038			
Sig.	0.000				0.000				0.000			
样本数	992				2010				896			
极值点	0.629				0.371				—			

注：***、**、* 分别代表在1%、5%、10%统计水平下显著。表8-8是利用2006~2010年样本数据验证考虑公司生命周期不同阶段后，公司经营因素和政策因素对现金股利分配多少影响因素的稳定性。

在三种控制权结果中，只有相对控股公司留存收益资产比与现金股利存在在负相关关系。也就是说，相对控股公司留存收益资产比例越高，现金股利支付的就越少。留存收益资产比例代表企业所处的生命周期。留存收益资产比率越高，公司发展就越趋向成熟。所处成熟阶段的公司，由于留存收益积累多，而发展机会有限，所以公司应该发放较多的现金股利。但是，从相对控股公司的实证结果来看，公司发展越成熟，现金股利支付的反而越少。绝对控股和相对控股公司的发展阶段与现金股利无关。

在绝对控股的情况下，公司的每股利润与现金股利之间存在正相关关系，即绝对控股公司的每股利润越大,现金股利就越多。资产负债率、流通股股东与现金股利之间存在负相关关系,即绝对控股公司资产负债率高,第一大股东是流通股,则公司现金股利支付的就少。第一大股东持股比例与现金股利之间存在 U 形关系,极值点为 62.9%。而公司的发展阶段、资产增长率、资产规模和国家股与现金股利无关。行业 3(健康护理)和行业 4(主要消费)与现金股利存在正相关关系。是否实施半强制性分红政策,或者提高半强制性分红比例对于绝对控股公司的现金股利均无影响。绝对控股公司现金股利主要受到当期净利润、资产负债水平、流通股和第一大股东持股比例的影响。而企业发展阶段、资产增长率、资产规模和国家股不影响绝对控股公司的现金股利决策。

在相对控股的情况下,公司的每股利润与现金股利之间存在正相关关系,即相对控股公司的每股利润越大,现金股利就越多。企业发展水平、资产增长率、资产负债率和流通股股东与现金股利之间存在负相关关系,即相对控股公司发展越成熟,投资机会越多,资产负债率越高,第一大股东是流通股,则公司现金股利支付的就少。公司发展越成熟,积累的盈余公积就越多。公司对外募集资金的压力就减少。当公司面临投资机会的时候,公司将减少现金股利以满足投资所需的资金所要。因此,企业发展水平、资产增长率与现金股利支付之间存在负相关关系。同时,这也存在一个疑问,公司发展越是成熟,其投资机会就不会大比例增加,而资产增长率是否合理就成为问题的关键。如果投资机会是控股股东和管理者在转移投资,或者过度投资,则减少现金股利就成为控股股东攫取中小股东的手段。第一大股东持股比例与现金股利之间存在倒 U 形关系,极值点为 37%。而公司的资产规模和国家股与现金股利无关。行业 4(主要消费)与现金股利存在正相关关系。是否实施半强制性分红政策,或者提高半强制性分红比例对于相对控股公司的现金股利均无影响。相对控股公司现金股利主要受到当期净利润、发展阶段、资产增长率、资产负债水平、流通股和第一大股东持股比例的影响。而资产规模和国家股不影响相对控股公司现金股利的支付。

在制衡控股情况下,公司的每股利润、资产增长率和资产规模与现金股利之间存在正相关关系,即每股利润越大,资产增长率越高,资产规模越大,则现金股利就越多。资产负债率和流通股与现金股利之间存在负相关关系。第一大股东持股比例、国家股和企业的发展阶段对现金股利无影响。是否采用半强制分红政策与现金股利之间存在负相关关系,而进一步提高半强制分红比例与现金股利支付无关。行业因素对于现金股利的影响作用不明显。制衡控股公司现金股利主要受到当期净利润、资产负债率、资产增长率、资产规模和流通股的影响。而第一大股东持股比例、企业发展阶段是否是国家股不影响制衡控股公司现金股利的决策。

8.7 小结

本章运用 OLS 回归检验,研究了控股股东对现金股利支付水平的影响。实证结果显示:

①无论是绝对控股公司,还是相对控股和制衡控股公司,盈利能力是影响现金股利

的重要因素，且盈利能力与每股股利之间存在正相关关系。即每股利润越大，每股留存收益越多，则三种控制权公司的每股股利就越多。但每股利润都对每股股利的影响作用大于每股留存收益对每股股利的影响作用。也就是说，当期净利润对每股股利的影响是主要的，留存收益对每股股利的影响是次要的。

②无论是绝对控股公司，还是相对控股和制衡控股公司，资产负债率、流通股与每股股利之间存在负相关关系。即资产负债率高，第一大股东是流通股，则公司每股股利就低。这就是说，负债对现金股利具有一定的替代和约束作用；流通股股东由于偏好资本利得，所以并不希望支付太多的股利。

③无论是绝对控股公司，还是相对控股和制衡控股公司，国有股与每股股利无关。即绝对控股、相对控股和制衡控股公司每股股利支付的多少并不会因为第一大股东是否是国有股而不同。

④绝对控股公司第一大股东与每股股利之间呈现 U 形关系，而相对控股公司第一大股东与每股股利之间存在倒 U 形关系，制衡控股公司第一大股东与每股股利之间不存在明显的 U 形或倒 U 形关系。

⑤绝对控股公司和制衡控股公司的每股股利与企业生命周期无关。即企业的发展阶段并不影响绝对控股公司和制衡控股公司的每股股利。而相对控股公司的每股股利与企业生命周期存在负相关关系。即相对控股公司的留存收益资产比例越高，每股股利支付的就越少。因此，在相对控股公司中，控股股东存在通过减少现金股利攫取中小股东利益的可能性。

⑥绝对控股公司的资产增长率和资产规模与每股股利无关。相对控股公司的资产增长率与现金股利之间存在负相关关系，而相对控股公司的资产规模与每股股利无关。制衡控股公司的资产增长率和资产规模与每股股利之间存在正相关关系。

⑦行业因素对于现金股利分配的影响并不明显，只是在制衡控股公司中行业因素对现金股利存在一定影响。这说明上市公司的现金股利分配的行业特征并不明显。这也从一个侧面反映出我国上市公司的发展还不够成熟，企业现金股利决策并没有考虑行业发展的特征需要。

⑧是否实施半强制分红政策对制衡控股公司现金股利有影响，且实施半强制分红政策与现金股利呈负相关关系；提高半强制分红比例并不能影响三种控制权的现金股利支付。半强制性分红政策并未起到提高上市公司现金股利支付水平的目的。

9 研究结论与政策建议

本书通过沪深 A 股 1994~2010 年的上市公司股利分配样本分析,归纳总结上市公司股利分配的特点,从控股股东角度出发,将公司成长性、股利代理理论与股利分配相结合,运用实证分析的方法,研究控股股东对上市公司股利分配类型的影响,得到如下的研究结论。

9.1 研究结论

(1) 我国上市公司股利分配的特点

在全面分析 1994~2010 年沪深 A 股股利分配数据的基础上,本书从公司分配意愿、分配形式及现金股利支付水平三个方面,得到如下研究结论。

第一,尽管上市公司的规模不断扩大,但是不分配公司的比例却在逐渐下降;且不分配公司比例呈现明显的阶段变化特征;上市公司存在政策诱导下的"被迫分配"。

第二,连续 3 年不分配公司占不分配公司的比例呈现持续高比例变化特点。不分配公司的刚性在增强。

第三,股利分配形式以现金股利为主,资本公积金转增股本的分配形式逐渐增多,股票股利分配形式渐趋稳定。

第四,在三种股利分配形式中,每股转增股比例最高,且呈现单边上升变化趋势;每股股票股利比例居中;每股现金股利比例最低。每股(现金)股利呈现 W 形变化趋势,但上下波动幅度不大;现金股利的股利支付率呈现逐渐下降的变化趋势。沪深 A 股现金股利也存在"股利消失"的现象。

(2) 上市公司分配意愿的影响因素

根据成长性、股利代理理论与股利分配的关系,本书从公司内部因素和半强制性分红政策两个方面研究了公司分配意愿的影响因素,得到如下结论。

第一,半强制性分红政策与公司是否分配存在显著的负相关关系,半强制性分红政策并没有增加公司的分配意愿。半强制性分红政策对上市公司是否进行股利分配的约束力有限。

第二,盈利能力是影响公司是否分配的重要因素。资产报酬率对公司是否分配的影响比每股利润对公司是否分配的影响更大。由于资产报酬率的变化幅度有限,所以本书采用每股利润代表盈利能力进行实证研究。

第三,资产负债率与公司是否分配存在显著的负相关关系,即公司资产负债率越高，公司股利分配的意愿就越低。

第四，上市公司的成长性、规模与是否分配之间存在显著正相关关系，即公司资产增长率越高，公司规模越大，则公司的分配意愿就越大。

第五，流通股对沪市公司是否分配意愿有影响，而对深市公司是否分配意愿无影响。国有股并不影响公司是否分配的意愿。第一大股东持股比例与公司是否分配之间不存在 U 形关系。

第六，行业间是否分配意愿不存在显著差异。

（3）上市公司股利分配形式的影响因素

第一，第一大股东是国有股，则现金股利分配意愿高；第一大股东持股比例高，则现金股利分配意愿高；第一大股东是否是流通股与公司采用现金股利分配形式的意愿无关。每股利润越高，公司规模越大，则公司选择现金股利分配的意愿就高；而资产负债率越高，则公司采用现金股利分配形式的意愿就越低；而资产增长率与现金股利分配形式的意愿无关。行业因素与现金股利分配意愿呈负相关关系。

第二，第一大股东的持股比例、是否是国有股、是否是流通股与公司采用股票股利分配形式的分配意愿无关，公司是否实施股票股利分配形式主要根据公司经营发展需要进行决策。公司每股利润越大，资产负债率越高，投资机会越多，则公司越需要通过股票股利分配形式利用自由资金补充经营所需的资金。而公司规模越大，则公司实施股票股利分配形式的意愿就越低。部分行业与股票股利分配形式的意愿呈现负相关关系。

第三，与国有股、第一大股东持股比例对现金股利的作用不同，第一大股东持股比例高，第一大股东是国有股，则公司实施转增股分配形式的分配意愿就低；流通股与转增股分配意愿之间无关。与公司经营能力对股票股利分配形式的分配意愿的作用相同，公司每股利润越高，资产负债率越高，投资机会越多，公司实施转增股分配形式的分配意愿就越高；而公司规模越大，则公司实施转增股分配形式的分配意愿就越低。行业因素与转增股分配形式无关。

（4）不同控制权结构公司现金股利的影响因素

第一，在绝对控股公司，第一大股东与现金股利之间存在 U 形关系。即在绝对控股的情况下，每股股利随着第一大股东持股比例的上升而下降，当第一大股东持股比例达到 62% 左右的时候，每股股利降至最低点，而后每股股利随着第一大股东持股比例的上升而上升。流通股与每股股利之间存在负相关关系；国有股与每股股利无关。即第一大股东是流通股股东，则流通股股东并不希望支付太多的每股股利。这也从一个侧面证明流通股股东对资本利得比较偏好。而第一大股东是否是国有股并不影响每股股利的多少。

盈利能力是影响绝对控股公司每股股利的重要因素，且盈利能力与每股股利之间存在正相关关系。即每股利润越大，每股留存收益越多，则绝对控股公司的每股股利就越多。并且每股利润对现金股利的影响大于每股留存收益对每股股利的影响。即绝对控股公司每股股利决策主要考虑当期净利润，其次才考虑留存收益的影响。

资产负债率对于绝对控股公司每股股利具有较大影响。绝对控股公司的资产负债率与每股股利之间存在负相关关系。即绝对控股公司的资产负债率越高，则公司每股股利就越低。这就是说，绝对控股公司的负债对现金股利具有一定的替代和约束作用。

绝对控股公司的资产增长率和资产规模与每股股利无关，并且绝对控股公司的生命周期也与每股股利无关。部分行业对每股股利有影响。

第一大股东持股比例、公司的盈利能力和负债水平是影响绝对控股公司每股现金股利决策的关键因素。绝对控股公司在公司盈利能力和负债水平一定的情况下，现金股利的多少与其持股比例的多少息息相关。当第一大股东持股比例小于62%之前，绝对控股公司现金股利会随持股比例的上升而减少。假设此时公司有较多盈利，且处于发展成熟期，那么控股股东通过非现金股利获得控制权私利的可能性就非常大。所以，在这种情况下，绝对控股公司减少每股现金股利存在大股东侵害中小股东利益的问题。当第一大股东持股比例超过62%，绝对控股公司现金股利会随着持股比例的上升而上升。假设此时公司有较多盈利，但公司处于发展期，那么控股股东通过增加现金股利的方式就可以迅速获得投资回报，控制权私利也就由其合情合理地获得。但对于中小股东而言，特别是在我国大股东与中小股东投资成本存在巨大差异的情况下，现金股利就成为大股东侵害中小股东的一种"合理方式"。问题的关键是中小股东能否获得企业的发展和盈利信息的真实信息，并有无有效的投票权就公司股利决策问题进行表决。这是公司治理和法律法规应该关注的焦点问题。

第二，在相对控股公司，第一大股东与每股股利之间存在倒U形关系。即在相对控股的情况下，每股股利随着第一大股东持股比例的上升而上升，当第一大股东持股比例达到37.3%左右的时候，每股股利升至最高点，而后每股股利随着第一大股东持股比例的上升而下降。与绝对控股公司一样，流通股与每股股利之间存在负相关关系；而第一大股东是否是国有股并不影响每股股利的多少。这也进一步说明流通股股东对资本利得比较偏好。

与绝对控股公司一样，相对控股公司的盈利能力与每股股利之间存在正相关关系。即每股利润越大，每股留存收益越多，则相对对控股公司的每股股利就越多；并且每股利润比每股留存收益对每股股利的影响要大。也就是说，相对控股公司在决定每股股利决策时，也是主要考虑当期净利润，其次才考虑留存收益的影响。

与绝对控股公司一样，相对控股公司的资产负债率与每股股利之间存在负相关关系。即相对控股公司的资产负债率越高，则公司每股股利就越低。这说明相对控股公司的负债对现金股利也具有一定的替代和约束作用。

与绝对控股公司不同，相对控股公司的每股股利会受到企业资产增长率和企业所处的生命周期的影响。并且相对控股公司的资产增长率越高，留存收益资产比率越高，则企业的每股股利就越少。留存收益资产比例越高，说明企业发展越趋向成熟。根据股利生命周期理论，成熟期企业的投资机会较少，则公司将支付更多的现金股利。但相对控股公司随着公司发展的成熟，资产增长率并未大幅下降，则意味着相对控股股东存在通过过度投资，转移或者攫取中小股东利益的可能性。

与绝对控股公司一样，相对控股公司的规模与每股股利无关。部分行业对每股股利有影响。

与绝对控股公司不同，由于相对控股公司现金股利与生命周期呈现负相关关系，所以相对控股公司的现金股利已经成为控股股东侵害中小股东利益的一种工具。并且由于相对控股公司中控股股东事实上形成了同盟联合控制。股利已经在逐渐丧失信息传递的功能，低股利支付率就应运而生。从实证样本来看，在三种控制权结构中相对控股公司的占有样本有 2 615 个样本，既远远大于制衡控股的 1 223 个样本，也大于绝对控股公司的 1 728 个样本。由于相对控股公司采用低股利支付率，所以上市公司的股利支付率就会下降。这也是导致我国证券市场"股利消失"的原因之一。

第三，在制衡控股公司，第一大股东与每股股利之间不存在明显的 U 形或倒 U 形关系。当制衡公司从留存收益角度出发考虑每股股利决策的时候，制衡控股公司的第一大股东与每股股利之间存在半 U 形关系。即随着制衡公司第一大股东持股比例的上升，每股股利会上升，但不是线性上升关系。

与绝对控股和相对控股公司一样，制衡控股公司的盈利能力与每股股利之间存在正相关关系。即每股利润越大，每股留存收益越多，则相对对控股公司的每股股利就越多；并且每股利润比每股留存收益对每股股利的影响要大。也就是说，制衡控股公司在决定每股股利决策时，也是主要考虑当期净利润，其次才考虑留存收益的影响。

与绝对控股和相对控股公司一样，制衡控股公司的资产负债率与每股股利之间存在负相关关系。即制衡控股公司的资产负债率越高，则公司每股股利就越低。这说明制衡控股公司的负债对现金股利也具有一定的替代和约束作用。

与相对控股公司不同，但与绝对控股公司一样，制衡控股公司所处的生命周期与每股股利无关。

既与绝对控股公司不同，也与相对控股公司不一样，制衡控股公司的资产增长率和资产规模与每股股利之间存在正相关关系。

与绝对控股和相对控股公司不同，制衡控股公司的行业因素对每股股利具有影响。

虽然制衡控股公司的每股股利与企业生命周期无关，但是制衡控股公司会随着投资机会的上升和公司规模的扩大而增加每股现金股利。这说明制衡控股公司为了获得发展所需的资金，必须在资本市场建立信誉。发放现金股利就是其建立公司信誉的重要手段。因此，制衡控股公司每股现金股利证实股利的替代代理模型在我国具有一定的解释能力。

（5）半强制性分红制度对股利分配的影响

第一，半强制性分红政策与公司分配意愿之间存在显著的负相关关系。半强制性分红制度并没有增加公司分配意愿。半强制性分红制度对于公司分配意愿的约束能力有限。上市公司更多地从公司内部因素角度出发决定公司分与不分的股利决策。

第二，是否实施半强制分红制度对制衡控股公司现金股利有影响，且实施半强制分红与现金股利呈负相关关系；提高半强制分红比例并不能影响三种控制权结构公司的现金股利支付。半强制性分红政策并未起到提高上市公司现金股利支付水平的目的。

因此，半强制性分红制度对于提高公司股利分配水平的作用有限。

9.2 研究创新点

第一，本书以1994~2010年沪深A股10 685个大样本数据为基础进行描述性统计研究，总结归纳沪深A股股利分配的变化趋势与特点。描述性统计研究显示：沪深A股上市公司股利支付率呈现逐渐降低的变化趋势，从而表明我国同样存在"股利消失"的现象。现金股利影响因素的实证研究证明：相对控股公司低股利政策是导致"股利消失"的原因之一。

第二，本书以描述性研究为基础，通过Logistic和OLS回归分析方法，系统研究了沪深A股股利分配意愿、股利分配形式的分配意愿以及现金股利的分配决策，并对其影响因素进行了实证研究，特别是首次通过Logistic回归分析，研究了现金股利、股票股利和转增股分配意愿的影响因素。研究结果显示：除了每股利润与三种分配形式的分配意愿之间存在正相关关系，以及流通股与三种分配形式的分配意愿无关以外，其他影响因素对于三种分配形式的分配意愿具有不同的影响。其中，资产负债率、资产增长率与现金股利呈现负相关关系；而资产负债率、资产增长率与股票股利、转增股之间存在正相关关系。资产规模与现金股利呈现正相关关系；而资产规模与股票股利、转增股之间存在负相关关系。第一大股东持股比例、国家股与现金股利之间存在正相关关系；而第一大股东持股比例、国家股与转增股之间存在负相关关系；第一大股东持股比例、国家股与股票股利之间无关。三种分配形式对企业发展的作用存在明显差异。

第三，本书将公司成长性、代理冲突和股利分配相结合，从不同控制权结构出发，分别研究绝对控股、相对控股和制衡控股公司现金股利的影响因素。研究结果显示：绝对控股公司第一大股东持股比例与每股现金股利存在U形关系，相对控股公司第一大股东与每股现金股利存在倒U形关系，而制衡控股公司第一大股东与现金股利之间无明显的U形关系，或者倒U形关系。三种控制权结构公司的每股现金股利与盈利能力存在正相关关系，与资产负债率、流通股之间存在负相关关系，与国有股无关。相对控股公司的每股现金股利与企业生命周期存在负相关关系。相对控股公司与生命周期呈负相关关系，与持股比例呈倒U形关系，促使相对控股股东形成利益联盟采用低股利政策侵害中小股东的利益。制衡控股公司的资产增长率、资产规模与每股现金股利正相关关系表明股利的替代代理模型在我国具有一定的解释能力。绝对控股公司每股现金股利与资产增长率、生命周期无关。这意味着多分与少分每股现金股利都可能成为控股股东侵害中小股东利益的方式。

第四，本书深入分析了半强制性分红政策对沪深A股股利分配的影响。研究认为半强制性分红政策对于公司分配意愿的约束能力有限，且半强制性分红政策并没有增加公司分配意愿。半强制分红政策只对制衡控股公司现金股利有影响，且半强制分红制度实施与现金股利呈负相关关系。而提高半强制分红比例并不能影响三种控制权结构公司的现金股利支付。本书认为半强制性分红政策并未起到提高上市公司现金股利支付水平的目的。因此，本书建议国家修改《公司法》股利分配的相关内容，限定盈余公积累计的最高比例，取消半强制分红政策。

9.3 政策建议

（1）制定企业合理的最高积累比例

股利分配是企业内部积累与发展决策，是企业财务的内部决策，也是企业经营自主权的体现。20世纪80年代以来，西方社会首先出现"股利消失"的现象。西方政府并未像我国一样出台有关半强制性分红政策，而是将公司股利的分与不分，以及分多少的具体问题交与企业自行决策。虽然西方政府没有规定股利分配的比例，但是西方公司法明确限定了公司内部积累的最高限额，即盈余公积金超过注册资本的50%，公司就不得再行提取盈余公积金。

反观我国的股利分配制度，《公司法》规定当公司盈余都达到一定数额后，可以不再提取盈余公积，但并没有约束企业的最高积累比例。这实际上给予公司无限积累的可能。尽管现有的半强制性分红政策已从累计盈余的20%，提高到了30%，但是30%的股利支付水平对于盈利公司而言仍然是低股利分配比例。不断增加的盈余公积为控股股东攫取私人利益提供了基础和条件。于是，具有较大累计盈余的公司，控股股东为了私人利益，过度投资行为、关联方交易转移财产就有可能发生。而对于无分配能力的公司而言，为了保留配股资格，就必须进行现金分配，从而导致公司的有效投资不足，公司的正常经营和发展将会受到一定的限制和制约。无论是盈利公司，还是非盈利公司，由于半强制分红政策的存在，将会导致公司经营决策的扭曲。因此，半强制分红政策并没有起到提高公司分配比例的作用，反而干扰了公司的正常经营决策。

本书建议政府修订《公司法》的积累比例，限制公司的最高积累比例，从而从制度上剔除公司无限制积累的可能性。这才能从根本上保护投资人，特别是中小投资人的投资收益。随着最高积累比例的出台，现有的半强制性分红政策也就没有存在的必要了。

（2）加强中小股东股利分配的表决权

鉴于在绝对控股公司中分与不分股利决策，控股股东都有可能侵害中小股东，不如约定由中小股东投票表决决定公司的股利分配。中小股东的私利性有利于约束控股股东的私利性，并且会影响管理者的经营决策。管理者为了获得中小股东的支持，就必须向中小股东公开公司经营的真实信息，从而有利于上市公司信息的公开与透明，更有利于中小股东进行表决。也就是说，在股利分配中约束控股股东控制权，加强中小股东的表决权，是公司股利分配合理公正的基础和保障。

（3）强化上市公司的信息披露

中小股东获得上市公司的真实信息是其进行表决的关键。为了防止大股东通过转移投资，或者过度投资，侵害中小股东的利益，应该进一步加大上市公司的信息披露。公司战略发展规划、募集资金的使用方向以及终极控股股东的变化等信息是中小股东进行判断的依据，应该考虑这些信息在何时以何种方式进行披露。披露的时间和方式应本着减少中小股东监督代理成本这一基本原则。通俗地讲，就是方便中小股东，及时、有效、低成本地获取相关决策信息。

9.4 本书研究的局限性

在上市公司股利分配的实证研究中，存在一些局限性，期待今后进行进一步的研究：

第一，本书根据股利分配的影响因素出发，选定指标对每股股利的支付情况进行了实证研究。由于篇幅和时间的限制，并没有对股利支付率进行实证检验，也没有区分不同控股股东对上市公司股利分配意愿和股利分配形式进行深入研究。这些不足在一定程度上削弱了论证的充分性。

第二，控股股东的选定方法，直接采用第一大股东持股比例进行分析，忽略了终极控股权对于公司股利分配的影响。这也是制衡控股公司股权结构与现金股利关系不确定的一个重要原因。制衡控股公司中事实上还有一部分具有相对控股的公司。所以现有的控股股东定义不利于揭示制衡控股公司股利分配的特征。

第三，为了充分反映股利分配的特点，本书选择了沪深股市 8 年的样本数据。由于每年样本公司并不完全一致，所以，没有采用面板数据的分析方法。这可能不能揭示股利分配特征变化的特点。今后，根据面板数据分析方法，选定符合面板数据的样本进行实证研究，可能更有利于揭示股利变化的特点。

参 考 文 献

[1] Black, Fischer. The Dividend Puzzle [J]. Journal of Portfolio Management, 1976 (2): 5-8.
[2] 应展宇. 股权分裂、激励问题与股利政策 [J]. 管理世界, 2004 (7): 108-119, 126, 156.
[3] 刁伍钧. 五粮液事件与股利分配代理成本理论 [J]. 生产力研究, 2006 (5): 199-200, 224.
[4] 刘纪鹏. "用友现象"折射出制度性缺陷 [N]. 北京: 中国商报, 2002-04-23 (14).
[5] Myers S. Determinants of corporate borrowing [J]. Journal of Financial Economics, 1977 (5): 147-176.
[6] Myers S, Majluf N. Corporate financing and investment decisions when firms have information that investors do not have [J]. Journal of Financial Economics, 1984 (13): 187-221.
[7] 杨兴全, 吴昊旻. 成长性、代理冲突与公司财务决策 [J]. 会计研究, 2011 (8): 40-45, 96.
[8] 李春玲. 控股股东与上市公司股利政策 [M]. 北京: 人民出版社, 2009.
[9] La Porta R, Lopez-de-Silanes F, Shleifer A. Corporate Ownership around in the World [J]. Journal of Finance, 1999, 54 (2): 471-517.
[10] 邓建平, 曾勇. 上市公司控制权结构与股利决策研究 [EB/OL]. (2005-03-21). http//www.cfrn.com.cn/paper.
[11] 李常青. 股利政策理论与实证研究 [M]. 北京: 中国人民大学出版社, 2001.
[12] 荆新, 王化成, 刘俊彦. 财务管理学 [M]. 5版. 北京: 中国人民大学出版社, 2009.
[13] 王化成. 西方公司的股利政策 [J]. 外国经济与管理, 1989 (12): 13-15.
[14] Miller M H, Modigliani F. Dividend policy, growth, and the baluation of shares [J]. The Journal of Business, 1961 (4): 411-433.
[15] Richardson P R. Dividend announcements, security performance, and capital market efficiency [J]. Journal of Finance, 1978 (27): 993-1007.
[16] Watts, Ross. The information content of dividends [J]. Journal of Business, 1973 (46): 191-211.
[17] Easterbrook F H. Two agency-cost explanations of dividends [J]. American Economics Review, 1984 (9): 650-659.
[18] Jensen M. Agency costs of free cash flow, corporate finance, and takeovers [J]. American Economics Review, 1986 (76): 323-329.
[19] 沈艺峰, 沈洪涛. 公司财务理论主流 [M]. 大连: 东北财经大学出版社, 2004.
[20] Faccio M, Lang L H P. The ultimate ownership of western european corporations [J]. Journal of Financial Economics, 2002 (65): 365-396.
[21] Claessens S, Djankov S, Lang L H P. The separation of ownership and control in east asian corporations [J]. Journal of Financial Economics, 2002 (58): 81-112.
[22] Shleifer A, Vishny R W. Larger shareholder and corporate control [J]. Journal of Political Economy, 1986, 94 (3): 461-488.

[23] Shleifer A, Robert W V. A survey of corporate governance [J]. The Journal of Finance, 1997, 52 (2): 737-783.

[24] La Porta R, Lopez-de-Silanes F, Shleifer A, et al. Agency problems and dividend policies around the world [J]. The Journal of Finance, 2000, 55 (1): 1-33.

[25] 冯根福. 双重委托代理理论: 上市公司治理的另一种分析框架 [J]. 经济研究, 2004 (12): 16-25.

[26] 王化成, 李春玲, 卢闯. 控股股东对上市公司现金股利政策影响的实证研究 [J]. 管理世界, 2007 (1): 122-127, 136.

[27] 麦金森. 公司财务理论 [M]. 大连: 东北财经大学出版社, 2002.

[28] Fama E, French K. Disappearing dividends: Changing firm characteristics or lower propensity to pay? [J]. Journal of Financial Economics, 2001 (60): 3-43.

[29] 胡元木, 赵新建. 西方股利政策理论的演进与评述 [J]. 会计研究, 2011 (10): 82-87.

[30] Denis D J, Osobov I. Why do firms pay dividends? International evidence on the determinations of dividend policy [J]. Journal of Financial Economics, 2008 (89): 62-82.

[31] 徐国祥, 苏月中. 中国股市现金股利悖论研究 [J]. 财经研究, 2005 (6): 132-144.

[32] Lintner J. Distribution of incomes of corporations among dividends, retained earnings and taxes [J]. American Economic Review, 1956 (46): 97-113.

[33] Thomsen. Block holder ownership, dividends and firm value in continental europe [R]. Working paper present at ISNIE, 2004: 276-290.

[34] Truog T, Heaney R. Largest shareholder and dividend policy around the world [J]. The Quarterly Review of Economics and Finance, 2007 (47): 667-687.

[35] 吕长江, 韩慧博. 上市公司资本结构特点的实证分析 [J]. 南开管理评论, 2001 (3): 9-17.

[36] 刘孟晖, 沈中华, 余怒涛. 我国上市公司股利分配行为特征研究——来自深圳股票市场的证据 [J]. 经济问题, 2008 (1): 103-106.

[37] Farrar D, Selwyn L. Taxes, corporate financial policy and return to investors [J]. National Taxes Journal, December, 1967 (17): 444-454.

[38] Brennan M J. Taxes, market valuation, and corporate financial policy [J]. National Taxes Journal, 1970 (12): 417-427.

[39] Litaenberger R H, Ramaswamy K. The effect of personal taxes and dividends on capital asset prices: theory and empirical [J]. Journal of Financial Economics, 1979, 7 (2): 1-22.

[40] 原红旗. 中国上市公司股利政策分析 [J]. 财经研究, 2001 (3): 33-41.

[41] 赵春光, 张雪丽, 叶龙. 股利政策、选择动因来自我国证券市场的实证证据 [J]. 财经研究, 2001 (2): 48-53.

[42] 何涛, 陈小悦. 中国上市公司送股、转增行为动机初探 [J]. 金融研究, 2003 (9): 44-56.

[43] 魏刚. 中国上市公司股票股利的实证分析 [J]. 证券市场导报, 2000 (11): 23-27.

[44] 马曙光, 黄志忠, 薛云奎. 股权分置、资金侵占与上市公司现金股利政策 [J]. 会计研究, 2005 (9): 44-55.

[45] 黄娟娟, 沈艺峰. 上市公司的股利政策究竟迎合了谁的需要——来自中国上市公司的经验数据 [J]. 会计研究, 2007 (8): 36-43.

[46] Shleifer A, Vishny R W. A survey of corporate governance [J]. The Journal of Finance, 1997, 52 (2): 737-783.

[47] Moh'd M A, Perry L G, Rimbey J N. An investigation of the dynamic relationship between agency the-

ory and dividend policy [J]. The Financial Review, 1995 (30): 367 – 385.

[48] Gugler K, Yurtoglu B. Corporate governance and dividend pay – out policy in Germany [J]. European Economic Review, 2003 (47): 731 – 758.

[49] Khan T. Company dividends and ownership structure: evidence from UK panel data [J]. The Economic Journal, 2006, 116 (510): 172 – 189.

[50] Da Silvar L, Goergen M, Renneboog L. Dividend policy and corporate governance [M]. Oxford: Oxford University Press, 2004: 36 – 60, 156 – 161.

[51] 唐清泉, 罗党论. 现金股利与控股股东的利益输送行为研究——来自中国上市公司的经验证据 [J]. 财贸研究, 2006 (1): 92 – 97.

[52] 王毅辉, 李常青. 终极产权、控制权结构和股利政策 [J]. 财贸研究, 2010 (2): 120 – 129.

[53] 苏坤, 杨淑娥, 王博. 控股股东对股利支付影响的实证研究 [J]. 统计与决策, 2009 (12): 135 – 136.

[54] 陈洪涛, 黄国良. 中国上市公司股权结构与现金股利政策的实证研究 [J]. 统计与决策, 2005 (10): 113 – 115.

[55] 李小军, 王平心, 薛学礼. 代理成本视角下的股权结构与现金股利波动 [J]. 山西财经大学学报, 2007 (3): 110 – 114.

[56] 宋玉, 李卓. 最终控制人特征与上市公司现金股利政策 [J]. 审计与经济研究, 2007 (9): 106 – 112.

[57] 袁振兴. 股权结构与小股东法律保护对现金股利政策的影响研究 [M]. 北京: 经济科学出版社, 2007.

[58] Rozeff M S. Growth, bete and agency costs as determinants of dividend payout ratios [J]. The Journal of Financial Research, 1982 (3): 249 – 259.

[59] Baker H K, Farrelly G E, Eddman R B. A survey of manager views on dividend policy [J]. Financial Management, 1985 (3): 78 – 84.

[60] Mollah A, Keasey K, Short H. The influence of agency costs on dividend policy in an emerging market: evidence from the dhaka stock exchange [J]. Sixth ENBS Workshop at the University of Oslo Norway, 2000 (5): 14 – 16.

[61] Fenn G W, Nellie L. Corporate payout policy and managerial stock incentives [J]. Journal of Financial Economics, 2001 (1): 45 – 72.

[62] Eckbo B E, Verma S. Managerial share ownership, voting power and cash dividend policy [J]. Journal of Corporate Finance, 2002 (2): 105 – 122.

[63] Short H, Zhang H, Keasey K. The link between dividend policy and institutional ownership [J]. Journal of Corporate Finance, 1994 (1): 33 – 62.

[64] Kenneth K, Dolly K. Is dividend policy related to information asymmetry? Evidence from insider trading gains [J]. Working paper, 2002 (1): 58 – 76.

[65] Farinha J. Dividend policy, corporate governance and the managerial entrenchment hypothesis: an empirical analysis [J]. Journal of Business Finance And Accounting, 2003 (30): 1173 – 1209.

[66] Renneboog L, Trojanowski G. Control structures and payout policy [J]. Managerial Finance, 2007, 33 (1): 43 – 64.

[67] Zeckhauser P J, Pound J. Are larger shareholders effective monitors? an investigation of share ownership and corporate performance [C] //Hubbard R G (Eds.). Asymmetric Information, Corporate Finance and Investment. Chicago: University of Chicago Press, 1990: 149 – 180.

[68] Noronha G M, Shome D K, Morgan G E. The monitoring rational for dividends and the interaction of capital structure and dividend decision [J]. Journal of Bank and Finance And Accounting, 1996 (20): 439-454.

[69] Faccio M, Lasfer M A. Do occupational pension funds monitor companies in which they hold large stakes? [J]. Journal of Corporate Finance, 2000 (6): 71-110.

[70] 吕长江, 王克敏. 上市公司股利政策的实证分析 [J]. 经济研究, 1999 (12): 31-39.

[71] 魏刚. 中国上市公司股利分配问题研究 [M], 大连: 东北财经大学出版社, 2001.

[72] Chen Z, Cheung Y L, Stouraitis A, et al. Ownership concentration, firm performance, and dividend policy in Hong Kong [J]. Pacific-Basin Finance Journal, 2005 (13): 432-449.

[73] 朱明秀. 我国上市公司股权结构与股利政策关系的实证研究 [J]. 审计与经济研究, 2005 (3): 87-90.

[74] 袁振兴, 杨淑娥. 现金股利政策: 法律保护的结果还是法律保护的替代——来自我国上市公司的证据 [J]. 财贸研究, 2006 (5): 86-93.

[75] 魏刚, 蒋义宏. 中国上市公司股利分配问卷调查报告 [J]. 经济科学, 2001 (4): 79-87.

[76] 何涛, 陈晓. 现金股利能否提高企业的市场价值——1997~1999年上市公司会计年度报告期间的实证分析 [J]. 金融研究, 2002 (8): 26-37.

[77] 唐国琼, 邹虹. 上市公司现金股利政策影响因素的实证研究 [J]. 财经科学, 2005 (2): 147-153.

[78] 魏锋, 孔煜. 高层管理者持股、政府管制与公司股利政策 [J]. 生产力研究, 2007 (1): 118-120.

[79] 肖珉. 现金股利、内部现金流与投资效率 [J]. 金融研究, 2010 (3): 117-134.

[80] 雷光勇, 刘慧龙. 市场化进程、最终控制人性质与现金股利行为——来自中国A股公司的经验证据 [J]. 管理世界, 2007 (7): 120-128, 172.

[81] 杨颖. 市场化进程与现金股利行为关系的实证研究 [J]. 经济与管理研究, 2009 (11): 83-90.

[82] 李常青, 魏志华, 吴世农. 半强制分红政策的市场反应研究 [J]. 经济研究, 2010 (3): 144-155.

[83] Baker H K, Farelly G E, Edelman R B. A Survey of manager views on eividend policy [J]. Financial Management, 1985 (3): 78-84.

[84] 唐松华. 2002年深市上市公司利润分配状况分析 [J]. 证券市场导报, 2003 (7): 18-21.

[85] 李礼, 王曼舒, 齐寅峰. 股利政策由谁决定及其选择动因——基于中国非国有上市公司的问卷调查分析研究 [J]. 金融研究, 2006 (1): 74-85.

[86] 冯阳, 薛锋, 孙进. 上市公司现金股利分配与公司成长性关系实证研究 [J]. 经济纵横, 2010 (2): 84-87.

[87] 郑荣, 甘胜道, 舒轶. 不同所有权上市公司股利分配意愿的比较研究 [J]. 经济与管理研究, 2011 (8): 13-18.

[88] Allen F, Michaely R. Payout Policy [J]. Handbook of the Economics of Finance, 2003 (1): 337-429.

[89] 吕长江, 王克敏. 上市公司资本结构、股利分配及管理股权比例相互作用机制研究 [J]. 会计研究, 2002 (3): 39-48.

[90] 陈国辉, 赵春光. 上市公司选择股利政策动因的实证研究 [J]. 财经问题研究, 2005 (5): 52-56.

[91] 谢军. 现金股利、股权结构及组织特征：一个 Logisitic 分析 [J]. 商业经济与管理, 2007 (3)：62 – 67.

[92] Smith C W Jr, et al. The investment opportunity set and corporate financing, dividend and compensation policies [J]. Journal of Financial Economics, 1992 (32)：263 – 292.

[93] Gaver J J, Gaver K M. Additional evidence on the association between the investment opportunity set and corporate financing, dividend and compensation policies [J]. Journal of Accounting and Economics, 1993 (16)：125 – 160.

[94] Gul F A. Growth opportunities, capital structure and dividend policies in Japan [J]. Journal of Corporate Finance, 1999 (5)：141 – 168.

[95] Mitton T. Corporate governance and dividend policy in emerging markets [J]. Emerging Markets Review, 2004, 5 (4)：409 – 426.

[96] Simon S M Ho, et al. The investment opportunity set, director ownership and corporate policies：evidence from an emerging market [J]. Journal of Corporate Finance, 2004 (10)：383 – 408.

[97] Lie E. Operating performance following dividend decreases and omissions [J]. Journal of Corporate Finance, 2005 (2)：27 – 53.

[98] Deshmukh S. The Effect of asymmetric information on dividend policy [J]. Quarterly Journal of Business and Economics, 2005 (2)：107 – 127.

[99] Rozeff M S. How cormpanies set their dividend payout rations [J]. Chase Financial Quarterly, 1982.

[100] 宋福铁, 屈文洲. 基于企业生命周期理论的现金股利分配实证研究 [J]. 中国工业经济, 2010 (2)：39 – 48.

[101] 邓贺赢. 公司成长性与股息政策的异化关系研究 [J]. 管理现代化, 2006 (1)：26 – 28.

[102] 权小锋, 滕明慧, 吴世农. 行业特征与现金股利政策——基于 2004 ~ 2008 年中国上市公司的实证研究 [J]. 财经研究, 2010 (8)：122 – 132.

[103] 刘淑莲, 胡燕鸿. 中国上市公司现金分红实证分析 [J]. 会计研究, 2003 (4)：29 – 35.

[104] Smith Jr, Clifford W, Watts R L. The investment opportunity set and corporate financing, dividend, and compensation policies [J]. Journal of Financial Economics, 1992 (32)：263 – 292.

[105] Brav A, Graham J R, Harvey C R, et al.. Payout policy in the 21th century [J]. Journal of Financial Economics, 2005 (77)：483 – 528.

[106] 罗宏. 上市公司现金股利政策与公司治理研究 [M]. 成都：西南财经大学出版社, 2008：27.

[107] Fama E F, Babiak H. Dividend policy：an empirical analysis [J]. Journal of the American Statistical Association, 1968 (12)：1132 – 1161.

[108] Baker H K, Powell G E. How corporate managers view dividend policy [J]. Quarterly Journal of Business and Economics, 1999 (2)：17 – 35.

[109] Baker H K, Powell G E, Veit E T. Revisiting managerial perspectives on dividend policy [J]. Journal of Finance, 2002 (3)：267 – 283.

[110] 刘星. 股利决策新论 [M]. 重庆：重庆大学出版社, 1999：109.

[111] 李常青, 沈艺峰. 沪深上市公司股利政策信息内涵的实证研究 [J]. 中国经济问题, 2001 (5)：43 – 52.

[112] 任有泉. 中国上市公司股利政策稳定性的实证研究 [J]. 清华大学学报（哲学社会科学版）, 2006 (1)：119 – 126.

[113] 徐新. 股权结构与现金股利稳定性分析 [J]. 经济与管理研究, 2007 (6)：47 – 51.

[114] 扈文秀, 卢世光. 用自回归模型预测中国股市未来现金股利水平 [J]. 数理统计与管理, 2005

(7): 85-93.

[115] 易颜新. 股利分配的理论模型和实证研究 [M]. 北京: 经济科学出版社, 2008.

[116] 许文彬, 刘猛. 我国上市公司股权结构对现金股利政策的影响——基于股权分置改革前后的实证研究 [J]. 中国工业经济, 2009 (12): 128-138.

[117] 阿道夫·A. 伯利. 现代公司与私有财产 [M]. 北京: 商务印书馆, 2005.

[118] Rozeff M S. Growth, beta and agency costs as determinants of dividend payout ratios [J]. The Journal of Financial Research, 1982 (3): 249-259.

[119] La Porta R, Lopez-De-Silanes F, Shleifer A, et al. Investment protection and corporate valuation [J]. The Journal of Finance, 2002 (3): 1147-1170.

[120] Johnson S, La Porta R, Lopez-De-Silanes F, et al. Tunneling [J]. The American Economic Review, 2002, 90 (2): 22-27.

[121] 肖珉. 自由现金流量、利益输送与现金股利 [J]. 经济科学, 2005 (2): 67-76.

[122] Grullon G, Michaely R, Swamination B. Are dividend changes a sign of firm maturity? [J]. Journal of Business, 2002, 75 (3): 387-424.

[123] 干胜道. "五粮液" 财务政策搭配评析 [J]. 财会月刊, 2005 (8): 18-19.

[124] Faccio M, Larry H P L, Young L. Dividends and expropriation [J]. American Economic Review, 2002 (91): 54-78.

[125] Brockman P, Unlu E. Dividend policy, creditor rights, and the agency costs of debt [J]. Journal of Financial Economics, 2009, 92: 276-299.